GERHARD PAULIN – HANS SCHIEMANGK

# Programmieren mit PASCAL

# Programmieren mit PASCAL

von
Dr. GERHARD PAULIN
Dr. HANS SCHIEMANGK
Humboldt-Universität zu Berlin

Mit 34 Abbildungen

Akademie-Verlag · Berlin · 1981

Erschienen im Akademie-Verlag, DDR-1080 Berlin, Leipziger Straße 3—4
Lektor: Dipl.-Math. Gesine Reiher

Lizenznummer: 202 · 100/417/81
Umschlaggestaltung: Rolf Kunze
Gesamtherstellung: VEB Druckerei „Thomas Müntzer", 5820 Bad Langensalza
Bestellnummer: 762 821 7 (6585) · LSV 1084
Printed in GDR
DDR 22,— M

# Vorwort

Unabhängig davon, welche Entwicklung die Rechentechnik und die für ihre Nutzung entwickelten Hilfsmittel in den nächsten Jahren nehmen werden, läßt sich heute schon sagen, daß die Programmiersprache PASCAL als erste realisierte Zusammenfassung der Sprachen der fünfziger und sechziger Jahre einerseits eine Bilanz darstellt, andererseits richtungweisend für die Softwareentwicklung ist und gewesen sein wird. Die Vorteile und Mängel "klassischer" Sprachen, wie FORTRAN, ALGOL 60, COBOL, PL/1, sind analysiert und verarbeitet worden, das alles auf dem Hintergrund der typischen Anwendungen der Rechentechnik der siebziger Jahre.

Wir haben seit einigen Jahren in Lehre und Praxis die Möglichkeit gehabt, PASCAL zu erproben, und meinen deshalb, daß das Erlernen dieser Programmiersprache nicht nur für den Anfänger, sondern auch für erfahrene Programmierer ein sicherer Weg ist, um algorithmisches Denken und alle typischen einfachen und höheren Programmiertechniken kennenzulernen und zu vertiefen. Wir möchten "das Erlernen einer Programmiersprache" so verstanden wissen, daß sich der Lernende aktiv, d.h. Programme produzierend, mit der Sprache auseinandersetzt. Das Studium von Syntax und Semantik allein genügt nicht. Wenn diese Sprache gut ist - und das glauben wir von PASCAL behaupten zu können -, wird eine solche aktive Beschäftigung auch einen guten Programmierstil hervorbringen.

Nach unseren Erfahrungen stellt PASCAL eine ausgezeichnete Basis für die Einarbeitung in andere, auch stark spezialisierte Programmiersprachen dar. Unsere mit PASCAL ausgebildeten Studenten mußten während ihres Betriebspraktikums im allgemeinen auf andere Sprachen "umsteigen". Sowohl die Praktikumsbetriebe als auch die Studenten selbst bestätigen, daß dieser Übergang auf der Grundlage der PASCAL-Kenntnisse schnell und reibungslos erfolgte.

Die sehr ausführliche Diskussion eines PASCAL-Programms im Abschnitt 2 veranschaulicht die Grundideen der Sprache. Vor allem der Anfänger im Programmieren sollte dieses Beispiel gründlich durcharbeiten. Abschnitt 3 enthält eine vollständige Sprachbeschreibung. Leitgedanken des methodischen Aufbaus sind das Herausarbeiten der PASCAL-Datenstrukturen und der Programmstrukturierung, insbesondere durch Unterprogramme.

Aus methodischen Gründen haben wir die Fachtermini unter Verwendung der PASCAL-Schlüsselwörter gebildet (z. B. FOR-Anweisung).

Programmwiedergaben in Büchern enthalten i. allg. zahlreiche Fehler. Wir betrachten die Tatsache, daß nur getestete Beispielprogramme wiedergegeben wurden, als einen wesentlichen Vorzug dieses Buches.

Das in den meisten Beispielen verwendete PASCAL/P-System für OS/ES, DOS/ES und MS ist das Ergebnis einer am Bereich Informationsverarbeitung der Sektion Mathematik der Humboldt-Universität zu Berlin durchgeführten Weiterentwicklung des am Institut für Computer Science der Polnischen Akademie der Wissenschaften in Warschau implementierten PASCAL/P für IBM/370-Rechner. Basis der Warschauer Arbeiten war das vom Institut für Informatik der ETH Zürich (Prof. N. WIRTH) vertriebene PASCAL/P-System.

Das von uns genutzte PASCAL/P-System für ESER-Rechner kann interessierten Rechenzentren zur experimentellen Nutzung zur Verfügung gestellt werden.

Wir danken allen Kollegen, die durch Gespräche und Anregungen das Entstehen des Buches unterstützten, ganz besonders Herrn Dr. CHRISTOPH POLZE.

Dem Akademie-Verlag danken wir für die kurzfristige Aufnahme des Themas in sein Verlagsprogramm, Fräulein Dipl.-Math. GESINE REIHER und Herrn Dr. REINHARD HÖPPNER für die Unterstützung beim Anfertigen der Programmvorlagen.

Berlin, Dezember 1980 H. SCHIEMANGK, G. PAULIN

# Inhaltsverzeichnis

# 1. Einleitung

Wesentliche Fortschritte bei der Durchsetzung der Rechentechnik sind dadurch erzielt worden, daß die Nutzung der Rechentechnik in zunehmendem Maße "anwenderfreundlich" wurde. Damit ist gemeint, daß von Spezialisten Hilfsmittel für das Betreiben von Informationsverarbeitungsanlagen entwickelt worden sind, die den Denk- und Arbeitsgewohnheiten des potentiellen Nutzers weitestgehend entgegenkommen. Diese Hilfsmittel stellen sich dar als mehr oder minder umfangreiche Programmsysteme, die zur Grundausstattung eines Anlagentyps genauso wie eine Grundausstattung der Maschinenausrüstung gehören.

Diese Gesamtheit von Programmsystemen wird allgemein als Betriebssystem bezeichnet. Unter anderem gehören dazu solche Programmsysteme, die die Entwicklung von Anwenderprogrammen unterstützen und die Verwaltung der Problemdaten übernehmen. Der ursächliche Kontakt zwischen dem Anwender von Rechentechnik und der Grundausstattung von Programmen (der Software des Anlagentyps) erfolgt bei der Klärung der Frage, wie für ein konkretes Problem ein Programm entwickelt werden kann.

Seit dem Anfang der fünfziger Jahre sind maschinenunabhängige Programmnotationen untersucht worden [1, 2], die die Keimzelle der heutigen problemorientierten Sprachen (oder einfach höheren Programmiersprachen) sind. Die logische Konzeption höherer Programmiersprachen ist global - und etwas vereinfacht - so zu kennzeichnen, daß problemspezifische Daten darzustellen sind und Operationen mit diesen Daten ausgedrückt werden können.

In den letzten drei Jahrzehnten sind Hunderte von Sprachen vorgeschlagen und zu einem Teil implementiert worden. Weltweite Bedeutung erlangten in den sechziger Jahren die Programmiersprachen FORTRAN [3] (formula translation), ALGOL 60 [4] (algorithmic language), COBOL [5] (common business oriented language) und PL/1 [6] (programming language one). Auf allen größeren Informationsverarbeitungsanlagen stehen Übersetzer oder Interpreter für diese Sprachen zur Verfügung. Trotz dieser Flut von Programmiersprachen wird immer wieder eine (n+1)te Sprache vorgeschlagen und oft auch ein Übersetzer entwickelt. Das eigentliche Anliegen, das am Anfang dieser Entwicklung stand, den Einsatz der Rechentechnik zu effektivieren und leicht zu übertragende Programmarchive zu schaffen, geht dabei zum Teil verloren. Der Anwender wird immer wieder mit neuen Notationen konfrontiert, er muß vor allem immer wieder uneffektive Umrüstungsarbeiten vornehmen, wenn sich die Hardware ändert.

Besonders störend ist diese Situation in der Ausbildung in Informationsverarbeitung. Die Lehre kann kaum oder nur in Ausnahmefällen in Betracht ziehen, mit welcher Maschinenausrüstung und welcher Software der Lernende in Zukunft arbeiten muß. So lag der Wunsch bei den Ausbildenden auf der Hand, eine Programmiersprache zu schaffen, die die Erfahrungen mit erprobten Programmiersprachen enthält, voraussehbare Entwicklungen einbezieht, einfach erlernbar ist und auf Grund ihrer logischen Geschlossenheit für die Lehre geeignet ist. Das Verdienst, eine solche Programmiersprache entworfen und implementiert zu haben, gebührt N. WIRTH, der 1971 die erste PASCAL-Version veröffentlichte [7]. Es ist schwierig, eine Sprachentwicklung durchzusetzen, wenn nicht von seiten der computerherstellenden Industrie ein deutliches Interesse, sprich deutliche Unterstützung, zu erkennen ist. Umso mehr spricht es für die Programmiersprache PASCAL, die innerhalb von wenigen Jahren ohne eine solche Unterstützung die Fachwelt überzeugt hat. Allerorts wurden für ganz unterschiedliche Anlagentypen PASCAL-Compiler entwickelt. Die Entwicklung der Sprache PASCAL legt Zeugnis davon ab, daß die Entwicklung einer (n+1)ten Sprache sinnvoll sein kann.

Für diese erste PASCAL-Version wurde an der Eidgenössischen Technischen Hochschule in Zürich 1970 ein Compiler für die Anlage CDC 6400 fertiggestellt [8]. Ein zweiter Compiler wurde 1971 an der Universität Belfast für die Anlage ICL 1900 entwickelt [9]. 1972 erschien ein revidierter Bericht der

Sprache, worin jedoch keine Spracherweiterungen, sondern lediglich einige Einschränkungen vorgenommen wurden [10, 11]; ein Compiler hierfür wird seit 1974 verteilt. In diesen Jahren verbreitete sich PASCAL um die Welt. Ein Grund dafür liegt in der Sprache selbst, die es gestattet, die Implementierung von PASCAL mit Hilfe von PASCAL selbst vorzunehmen. Diese Möglichkeit ist dann auch für die Übertragung des PASCAL-Compilers genutzt worden: Alle auf die erste CDC-6400-Implementation folgenden Compiler wurden mittels PASCAL erzeugt.

Nach einer Mitteilung der ETH von 1977 [12] waren zu diesem Zeitpunkt Compiler für 75 unterschiedliche Anlagentypen in insgesamt 31 Ländern implementiert. Es sei hervorgehoben, daß es sich dabei sowohl um moderne Großrechner als auch um Mikrorechner handelte. Stellvertretend für eine Aufzählung seien hier die Typen IBM 370, ES 1040, PDP 11, Z 80 und INTEL 8080 genannt.

Außerdem hat sich PASCAL bei der Erzeugung dialogfähiger Programme bewährt, wenn das Betriebssystem, in dem der PASCAL-Compiler arbeitet, über Möglichkeiten interaktiver Arbeit verfügt.

Aus den Erfahrungen, Compilerübertragungen mit PASCAL selbst vorzunehmen, erwuchsen Untersuchungen darüber, inwieweit PASCAL geeignet ist, ein anderes Problem der höheren Programmiertechnik zu bearbeiten, nämlich die Beschreibung von Betriebssystemkomponenten oder gar von Betriebssystemen bzw. Modellbetriebssystemen. Diese überaus fruchtbaren Arbeiten an und mit PASCAL haben schon ihren Niederschlag in konkreten Implementationen gefunden [13, 14]. Es scheint nicht vermessen zu sein vorauszusagen, daß die Programmiersprache PASCAL in Lehre und Anwendung einen festen Platz behalten wird und daß darüber hinaus diese Sprache durch experimentellen Einsatz und theoretische Weiterentwicklung Grundlage effektiver Methoden in der Systemprogrammierung werden wird.

# 2. Einführendes Beispiel

Bevor wir mit einer systematischen Beschreibung der Sprachelemente von PASCAL beginnen, soll ein Beispiel die Struktur von PASCAL-Programmen und wesentliche Möglichkeiten des Programmierens in dieser Sprache illustrieren. Wir sind davon überzeugt, daß das Betrachten dieses Beispiels das Durcharbeiten und Erlernen der Sprache erleichtert. Es behandelt folgende Aufgabe: 15 Warenarten sind an 6 Abnehmer geliefert worden, diese Belieferung ist in Form einer (6 x 15)-Matrix zusammengestellt. Die Preise für die einzelnen Warenarten liegen als Vektor vor (Angaben in Pfennigen). Es sind die Lastsummen für die Abnehmer zu berechnen und übersichtlich zu drucken, außerdem ist der Gesamtumsatz zu errechnen.

Diese Aufgabe enthält als mathematischen Algorithmus die Produktbildung Absatzmatrix * Preisvektor. Zur Erzeugung eines übersichtlichen Druckbildes werden die Summen mit eingefügtem Dezimalpunkt gedruckt. Ein Muster einer Abnehmerrechnung sei zum besseren Verständnis der Programmzeilen vorangestellt (vgl. Abb. 2.1.).

ABRECHNUNG FUER ABNEHMER 6

| | ABNAHME | EVP | PREIS |
|---|---|---|---|
| WARE 1 | 0 | 20.00 | 0.00 |
| WARE 2 | 0 | 10.00 | 0.00 |
| WARE 3 | 1 | 30.00 | 30.00 |
| WARE 4 | 2 | 0.50 | 1.00 |
| WARE 5 | 3 | 50.00 | 150.00 |
| WARE 6 | 4 | 2.50 | 10.00 |
| WARE 7 | 5 | 15.00 | 75.00 |
| WARE 8 | 4 | 100.00 | 400.00 |
| WARE 9 | 3 | 25.00 | 75.00 |
| WARE 10 | 2 | 11.00 | 22.00 |
| WARE 11 | 1 | 12.30 | 12.30 |
| WARE 12 | 0 | 1.00 | 0.00 |
| WARE 13 | 0 | 80.00 | 0.00 |
| WARE 14 | 1 | 8.00 | 8.00 |
| WARE 15 | 2 | 0.70 | 1.40 |
| | | | 784.70 |

GESAMTABSATZ M 6026.40

Abb. 2.1 Druckerprotokoll einer Preisabrechnung

Die eben beschriebene Aufgabe wird durch folgendes Programm gelöst

Progr. 2.2 Einführendes Beispiel: ABRECHNUNG

```
PROGRAM ABRECHNUNG(INPUT,OUTPUT);

CONST
   ABN=6(* ANZAHL DER ABNEHMER *);
   WART=15(* WARENART *);

TYPE
   ALFA=ARRAY[1..8]OF CHAR;
   WARENPREIS=RECORD
                    WARE:ALFA;
                    EVP:INTEGER
                 END;
   ABSATZMATRIX=ARRAY[1.. ABN,1.. WART]OF INTEGER;

VAR
   AM:ABSATZMATRIX;
   EP:ARRAY[1.. WART]OF WARENPREIS;
   I,J,NSUM,NGES,PREISIJ,L:INTEGER;
   WA:INTEGER(* NUMMER DER WARENART *);


PROCEDURE EINGABE(VAR M:ABSATZMATRIX;ZZ,SZ:INTEGER);
```

```
24   VAR
25     I,J:INTEGER;
26
27   BEGIN
28     FOR I:=1 TO ZZ DO FOR J:=1 TO SZ DO READ(M[I,J]);
29     READLN(INPUT);
30   END(* EINGABE DER ABSATZMATRIX *);
31
32
33 PROCEDURE FORMATIERE(PFENNIGE,LAENGE:INTEGER);
34
35   BEGIN
36     WRITE(PFENNIGE DIV 100:LAENGE-3,'.',PFENNIGE MOD 100 DIV 10:1,
37         PFENNIGE MOD 10:1);
38   END(* FORMATIERE *);
39
40
41 PROCEDURE ABDRUCK(K:INTEGER)(* ABSCHLUSSDRUCK*);
42
43   BEGIN
44     WRITELN(' -------':41); FORMATIERE(K,41); WRITELN(OUTPUT);
45     WRITELN('=======':41); WRITELN(OUTPUT);
46   END(* ABDRUCK *);
47
48
49 BEGIN(*ABRECHNUNG*)
50   EINGABE(AM,ABN,WART);
51 (* EINGABE DER EINHEITENPREISE *)
52   FOR WA:=1 TO WART DO
53     BEGIN
54       FOR I:=1 TO 8 DO READ(EP[WA].WARE[I]); READ(EP[WA].EVP);
55       READLN(INPUT);
56     END(* WA *);
57 (* BERECHNUNG DER LASTSCHRIFTEN UND AUSGABE DER SUMMEN *)
58   NGES:=0;
59   FOR I:=1 TO ABN DO
60     BEGIN
61       NSUM:=0; WRITELN(OUTPUT);
62       WRITELN(' ABRECHNUNG FUER ABNEHMER':30,I:3);
63       WRITELN(OUTPUT); WRITELN(' ABNAHME':17,'EVP':8,'PREIS':15);
64       J:=1;
65       REPEAT
66         PREISIJ:=AM[I,J]*EP[J].EVP; NSUM:=NSUM+PREISIJ;
67         WRITE(' '); WRITE(EP[J].WARE:9); WRITE(AM[I,J]:8);
68         FORMATIERE(EP[J].EVP,8); FORMATIERE(PREISIJ,15);
69         WRITELN(OUTPUT); J:=J+1;
70       UNTIL J>WART;
71       NGES:=NGES+NSUM; ABDRUCK(NSUM);
72     END(*I*);
73   WRITELN(OUTPUT); WRITE(' GESAMTABSATZ   M');
74   FORMATIERE(NGES,12); WRITELN(OUTPUT); WRITELN('=========':29);
75 END(* ABRECHNUNG *).
76
```

E r l ä u t e r u n g e n

1. Das Programm ist als Ganzes ein in der Sprache PASCAL geschriebener Satz, eingeleitet durch das Schlüsselwort PROGRAM und abgeschlossen durch den Punkt.

2. Die Leerkarten 1, 13, 19, 20, 22, 30, 31, 33, 38, 39, 45 und 46 dienen nur zur übersichtlichen Gestaltung; sie sind sonst bedeutungslos. Das gilt auch für die Einrückungen am Zeilenanfang.

3. In das Programm sind Kommentare eingefügt, z.B. in Zeile 3. Diese Bemerkungen sind in (* bzw. *) eingeschlossen. Diese Einschübe können gestrichen werden, ohne die Wirkung des Programms zu verändern.

4. Das Programm besteht aus einem deklarativen Vorspann, Zeilen 0 bis 44, und aus einem Operationsteil, dem Hauptprogramm, im Beispiel die Zeilen 47 bis 73.

5. Im deklarativen Teil werden Konstanten, Typen, Variablen und Routinen vereinbart. Der Beginn einer solchen Vereinbarung ist stets durch ein Schlüsselwort gekennzeichnet. Im Beispiel sind das die Schlüsselwörter CONST (Zeile 2), TYPE (Zeile 6), VAR (Zeile 14) und PROCEDURE (Zeilen 21, 32, 40).

6. Bezeichner für Programmvariablen werden in den Zeilen 15 bis 18 eingeführt, man sagt: die Bezeichner werden vereinbart. Dabei werden einerseits Namen fixiert, andererseits den Namen Definitionsbereiche zugeordnet, aus denen die Werte genommen werden dürfen, die im Programm der Variablen zugewiesen werden. So sind in den Zeilen 17 und 18 die Namen I, J, NSUM, NGES, PREISLJ, L und WA vereinbart, der Definitionsbereich wird durch den Typbezeichner INTEGER als der Bereich der ganzen Zahlen definiert.

In Zeile 15 wird der Bezeichner AM deklariert, wobei der Definitionsbereich von AM durch ABSATZMATRIX gekennzeichnet ist. Wie Objekte aus diesem Definitionsbereich aussehen, wurde zuvor in Zeile 12 festgelegt.

7. In Zeile 12 wird der Typbezeichner ABSATZMATRIX erklärt. Diese Zeile ist folgendermaßen zu verstehen: Objekte vom Typ ABSATZMATRIX sind zweidimensionale Felder (Schlüsselwort ARRAY), d.h. Matrizen, deren Elemente durch ganze Zahlen besetzt werden dürfen (OF INTEGER). Für diese Matrizen werden die Definitionsbereiche der Indizes durch 1..ABN für den ersten bzw. 1..WART für den zweiten Index beschrieben.

8. ABN bezeichnet also in Zeile 12 den größten Wert, den der erste Index einer Variablen annehmen kann, die die Gestalt ABSATZMATRIX hat. Wie groß dieser Wert konkret ist, muß bei der Übersetzung des Programms bekannt sein. Deshalb wurde in Zeile 3 der Wert für ABN mit 6 festgelegt: ABN ist der Bezeichner für die Konstante 6. Entsprechendes gilt für WART.

9. In Zeile 16 wird EP als Bezeichner für ein Feld (ARRAY) von 15 Variablen (1..WART) eingeführt, die vom Typ WARENPREIS sind. Um zu verstehen, was gemeint ist, muß man also wissen, wie die Objekte beschaffen sind, die diesen Typ repräsentieren. Das findet man wiederum in den Vereinbarungen für Typbezeichner, nämlich in Zeile 8.

10. In Zeile 8 wird der Typbezeichner WARENPREIS eingeführt. Auch dieser Typ charakterisiert eine zusammengesetzte Datenstruktur, jedoch ganz anders als ABSATZMATRIX. Der Typ WARENPREIS wird durch das Schlüsselwort RECORD (das in Zeile 11 folgende END schließt nur die durch RECORD eingeleitete Beschreibung ab) als Datensatz gekennzeichnet, der aus mehreren Teilen besteht, die jedoch nicht vom gleichen Typ sein müssen. Im Beispiel enthält ein Datensatz des Typs WARENPREIS zwei Teilstrukturen, die symbolisch durch WARE und EVP bezeichnet werden. Der Teilstruktur EVP können Werte vom Typ INTEGER zugewiesen werden, der Definitionsbereich von WARE ist durch den Typbezeichner ALFA beschrieben. Diesen Typbezeichner findet man in Zeile 7 definiert, und zwar als Feld von acht Zeichen (OF CHAR).

Demnach kann man sich EP als folgendermaßen aufgebaute Datenstruktur vorstellen (siehe Abb. 2.3).

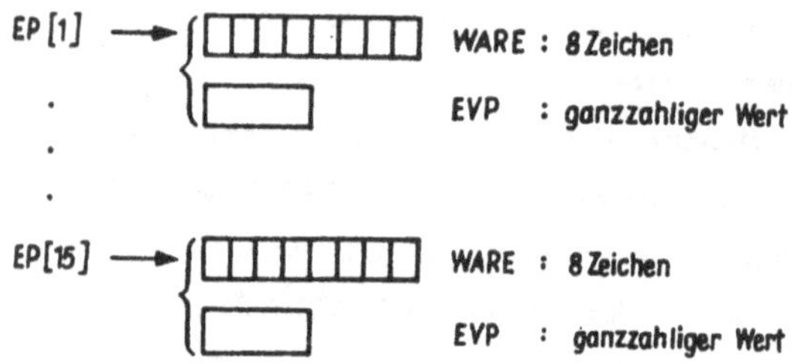


Abb. 2.3 Datenstruktur zum Programm ABRECHNUNG

11. Die Betrachtung der Variablendeklarationen führte uns zu den Definitionsbereichen, die in den Typbezeichnern ausgedrückt wurden. Hierbei waren die Typbezeichner ALFA, WARENPREIS und ABSATZMATRIX in den Zeilen 7 bis 12 definiert worden. Nicht definiert wurden die Typbezeichner INTEGER und CHAR. Sie werden als Standards behandelt.

12. Die drei in den Zeilen 21 bis 44 deklarierten Prozeduren dienen zur Erledigung von Teilaufgaben im Rahmen der Gesamtaufgabe: Die Prozedur EINGABE liest die Werte der Absatzmatrix zeilenweise ein, die Prozedur FORMATIERE gibt eine Zahl aus (WRITE), wobei die Zahl als ein in Pfennig gegebener Betrag aufgefaßt wird, in das Ausgabemuster jedoch durch das Einfügen eines Dezimalpunktes dieser Betrag in der Einheit Mark ausgedrückt wird. Die Prozedur ABDRUCK besorgt die Erzeugung der Abschlußzeilen unter der Abrechnung eines jeden Abnehmers.

13. Die Eingabeprozedur (Zeilen 21 bis 29) liest Elemente einer Matrix ein. Das Einlesen eines Elements ist ausgedrückt in

READ (M [I, J]),

das Lesen einer Zeile dadurch, daß J die Werte von 1 bis SZ durchlaufen soll (FOR J := 1 TO SZ DO). Außerdem ist das Einlesen ganzer Zeilen zu wiederholen, wofür

FOR I := 1 TO ZZ DO

codiert ist.

Diese Bezeichner werden in Zeile 21 als formale Parameter der Prozedur einschließlich der dazugehörigen Definitionsbereiche notiert. Über M, ZZ und SZ wird der Zusammenhang zwischen der Prozedur EINGABE und der Programmumgebung hergestellt, in der die Prozedur gebraucht wird. Diese in Klammern eingeschlossenen Angaben in Zeile 21 enthalten demnach die Beschreibung der Schnittstelle zwischen der Prozedur und die Programmumgebung der Prozedur. Die Prozedur soll es ermöglichen, Matrizen mit beliebigen Namen einzulesen, wenn nur der Typ der Matrizen dem Typ ABSATZMATRIX entspricht. Es können durch die eben beschriebenen FOR-Anweisungen Teile dieser Matrix eingelesen werden, nämlich die Elemente, die in den ersten ZZ Zeilen und SZ Spalten stehen. Um Flexibilität zu erreichen, sind für die Matrizenbezeichnung M, für die Zeilenanzahl ZZ und für die Spaltenanzahl SZ "Pseudonamen" verwendet worden.

14. In der Liste der formalen Parameter (Zeile 21) ist dem Bezeichner M das Schlüsselwort VAR vorangestellt, den Bezeichnern SZ und ZZ aber nicht. Betrachtet man noch einmal die Zeile 27, so sieht man, daß die Werte von

M durch die Eingabeprozedur READ geändert werden, die Werte von SZ und ZZ aber nicht geändert werden, sondern nur zum Steuern der Zyklen dienen, die in der vorigen Erläuterung beschrieben wurden. Die Parameter in Zeile 21 unterscheiden sich also qualitativ, was durch das Schlüsselwort VAR ausgedrückt ist.

15. Die Eingabeprozedur READLN in Zeile 28 bedeutet, daß der Rest der letzten gelesenen Lochkarte zu übergehen und die nächste Lochkarte bereitzustellen ist. INPUT ist Bezeichner des Eingabedatenfiles.

16. In den Zeilen 23 und 24 werden wie oben Bezeichner für Variablen vom Typ INTEGER erklärt. Diese nach dem Schlüsselwort PROCEDURE deklarierten Bezeichner sind lokale Bezeichner in der Prozedur. I und J aus Zeile 24 werden in Zeile 27 in der Prozedur benutzt. Sie stehen mit I und J aus Zeile 17 in keinerlei Zusammenhang.

17. Die Prozedur EINGABE wird am Anfang des Hauptprogramms aktiviert (Zeile 48). Dabei werden M durch AM, ZZ durch ABN und SZ durch WART ersetzt, so daß jetzt die Prozedur EINGABE die Werte der Elemente der Matrix AM einliest, die ABN = 6 Zeilen und WART = 15 Spalten hat.

18. Die Prozedur FORMATIERE (Zeile 32) hat die beiden Parameter PFENNIGE und LAENGE. (Was bedeutet es, daß das Schlüsselwort VAR nicht auftritt?) Der Anweisungsteil dieser Prozedur erscheint in den Zeilen 35 und 36. Es handelt sich um eine Ausgabeanweisung, die mit WRITE beginnt und mit dem Semikolon endet. Die runden Klammern schließen die Liste der auszugebenden Werte ein, die Ausgabeparameter sind durch Komma getrennt (Anzahl der Ausgabewerte?). Der erste Ausgabeparameter heißt in unserem Beispiel

```
PFENNIGE DIV 100 : LAENGE - 3
```

PFENNIGE DIV 100 bezeichnet den ganzzahligen Wert, den die Division des Wertes von PFENNIGE durch 100 liefert. LAENGE - 3 bestimmt die Anzahl der Stellen im Strom der Ausgabedaten, auf die der eben berechnete Wert anschließend an die zuletzt vorgenommene Eintragung im Datenstrom geschrieben werden soll.

Wenn also z.B. in Zeile 66 beim Aufruf der Prozedur FORMATIERE PREISIJ den Wert 190110 hat, so wird 190110 DIV 100 = 1901 rechtsbündig in ein Ausgabedatenfeld geschrieben, das 15 - 3 = 12 Zeichen aufnehmen kann. Die dabei nicht belegten linken Stellen des Ausgabefeldes werden mit Leerzeichen besetzt (es wird rechtsbündig in das Ausgabefeld eingetragen und mit Leerzeichen aufgefüllt). An diese Ausgabe schließt sich die Ausgabe des Punktes an (Zeile 35). Die Ziffern der beiden Dezimalstellen werden dann einzeln ausgegeben.

19. Die in den Zeilen 40 bis 44 deklarierte Prozedur enthält nicht wesentlich Neues. Die Prozedur WRITELN, die darin benutzt wird, unterscheidet sich von dem eben erläuterten WRITE nur dadurch, daß nach Ausgabe der Daten auf eine neue Zeile übergegangen wird. Details dieses Datentransportmechanismus beschreiben wir in Abschnitt 3. 5.

20. Das Hauptprogramm des Beispiels entspricht in Form und Inhalt dem in Abb. 2. 4 angegebenen Flußdiagramm.

Die Bezüge zu den Programmzeilen sind dabei durch die Zahlenangaben an den Leitlinien hergestellt. Der äußere Zyklus ist in dem Programm durch die FOR-Anweisung in Zeile 57 mit dem dazu gehörenden END in Zeile 69 codiert. Die doppelte Zeilennummer im Diagramm weist auf diesen Zusammenhang hin: Die Aktivitäten zur Steuerung der Verzweigung in Zeile 69 werden impliziert durch die Erhöhung von I um 1, solange I ≦ ABN ist (Zeile 57). Der innere Zyklus ist im Programm durch eine REPEAT-Anweisung beschrieben, eingeleitet in Zeile 62 und beendet in Zeile 67. (Welche im Programm vorkommenden Zyklen sind in Abb. 2. 4 nicht vollständig ausgeführt?)

21. Die Ausgabe der Bezeichnung Warenart und des dazugehörenden Einheitenpreises erfolgt in Zeile 64 durch

```
WRITE (EP [J]. WARE : 9)
```

und

```
FORMATIERE (EP [J], EVP, 8).
```

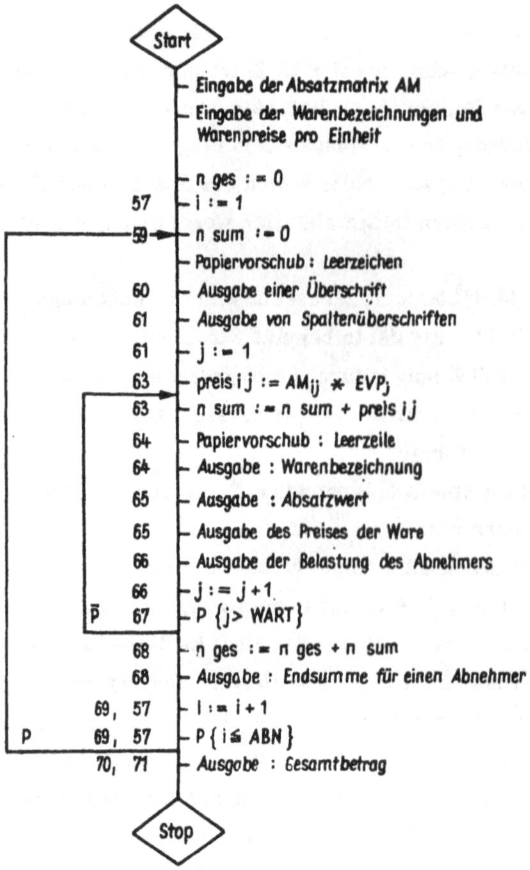


Abb. 2.4 Flußdiagramm zum Programm ABRECHNUNG

Die Struktur EP ist in Abb. 2.3 wiedergegeben. Mit Bezug auf dieses Bild ist unmittelbar verständlich, was ausgegeben wird. In der Prozeduranweisung FORMATIERE ist die Ausgabe implizit enthalten, weil bei Abarbeitung der Prozedur die WRITE-Anweisung aus Zeile 35 abgearbeitet wird, wobei der Parameter PFENNIGE durch EP [J]. EVP ersetzt wird.

22. Letztlich sei noch darauf hingewiesen, daß die Zeilen 70 und 71 die letzten zwei Zeilen des am Anfang dieses Abschnitts angegebenen Ergebnisdrucks erzeugen.

Wir haben diese Beispiele so ausführlich besprochen, um dem Leser zu zeigen, daß es mit geringer Mühe möglich ist, PASCAL-Programme zu lesen - vorausgesetzt, daß es nicht den Inhalt betreffende Schwierigkeiten gibt und daß die Programme nicht durch trickreiches Programmieren an Übersicht verloren haben. Zu dem "trickreichen Programmieren" meinen wir, daß es abzulehnen ist. Der Programmierer zahlt dafür stets den Preis eines größeren Testaufwandes und den einer stets neu erforderlichen Einarbeitungszeit, wenn nach einiger Zeit Korrekturen notwendig sein sollten. Wir werden aus diesen Gründen in dieser Lehrschrift auch Fragen der Effektivität hinsichtlich Speicherplatzorganisation oder Laufzeit hintenanstellen, wenn dadurch die Klarheit der algorithmischen Darstellung leidet.

Das oben angegebene Progr. 2.2 soll abschließend ohne jede Strukturierung angegeben werden.

Progr. 2.5 Redundanzfreie Programmnotation

```
 152 PROGRAM ABRECHNUNG(INPUT,OUTPUT);CONST ABN=6;WART=15;TYPE
 152 ALFA=ARRAY[1..8] OF CHAR;WARENPREIS=RECORD WARE:ALFA;EVP:
 152 INTEGER END;ABSATZMATRIX=ARRAY[1..ABN,1..WART]OF INTEGER;
 152 VAR AM:ABSATZMATRIX;EP:ARRAY[1..WART]OF WARENPREIS;I,J,NSUM,
1052 NGES,PREISIJ,L:INTEGER;WA:INTEGER;PROCEDURE EINGABE(VAR M:
  80 ABSATZMATRIX;ZZ,SZ:INTEGER);VAR I,J:INTEGER;BEGIN FOR I:=1
   4 TO SZ DO READ(M[I,J]);READLN(INPUT);END;PROCEDURE
  28 FORMATIERE(PFENNIGE,LAENGE:INTEGER);BEGIN WRITE(PFENNIGE
  29 DIV 100:LAENGE-3,'.',PFENNIGE MOD 100 DIV 10:1,PFENNIGE MOD
  50 10:1);END;PROCEDURE ABDRUCK(K:INTEGER);BEGIN WRITELN
  57 (' --------':40);FORMATIERE(K,40);WRITELN(OUTPUT);END;BEGIN
  71 EINGABE(AM,ABN,WART);FOR WA:=1 TO WART DO BEGIN FOR I:=1 TO
  87 8 DO READ(EP[WA],WARE[I]);READ(EP[WA].EVP);READLN(INPUT);
 115 END;NGES:=0;FOR I:=1 TO ABN DO BEGIN NSUM:=0;WRITELN(OUTPUT)
 133 ;WRITELN(' ABRECHNUNG FUER ABNEHMER':30,I:3);WRITELN(OUTPUT)
 146 ;WRITELN(' ABNAHME':17,'EVP':8,'PREIS':15);J:=1;REPEAT
 165 PREISIJ:=AM[I,J]*EP[J].EVP;NSUM:=NSUM+PREISIJ;WRITE(' ');
 188 WRITE(EP[J].WARE:9);WRITE(AM[I,J]:8);FORMATIERE(EP[J].EVP,8)
 214 ;FORMATIERE(PREISIJ,15);WRITELN(OUTPUT);J:=J+1;UNTIL J>WART;
 229 NGES:=NGES+NSUM;ABDRUCK(NSUM);END;WRITE(' GESAMTABSATZ   M'
 240 :20);FORMATIERE(NGES,12);WRITELN(OUTPUT);WRITELN(' =========='
 251 :32);END.

SUCCESSFUL COMPILATION
```

Es ist identisch mit dem erläuterten Programm. Wir meinen, daß das Beispiel anschaulich genug ist, um zu zeigen, daß eine übersichtliche Notation die Arbeit mit einem Programm - das Lesen und Verstehen, Fehlersuche und Korrektur - wesentlich erleichtert.

Mit Fragen der Einbindung in Betriebssysteme befaßt sich [22].

# 3. Sprachbeschreibung

## 3.1. Vorbereitungen

Die kleinsten Einheiten, die in einer höheren Programmiersprache eine selbständige Bedeutung tragen, bezeichnen wir als Morpheme. Weithin gültige Beispiele für Morpheme sind:

- Spezialsymbole, wie Operationszeichen und Klammern, z.B. + , ( ;
- Wortsymbole, z. B. END, DO;
- Bezeichner, z.B. ARCTAN, MAXI;
- Zahlen, z.B. 173, 2, 559 .

Neben der Fixierung der Morphemmenge - häufig Lexik der Sprache genannt - gehört zur Sprachdefinition ein Regelwerk, das festlegt, welche endlichen Folgen von Morphemen Programme sind. Angelehnt an die für natürliche Sprachen übliche Terminologie bezeichnen wir die Gesamtheit dieser Regeln als Syntax der Programmiersprache.

In diesem Buch stellen wir die PASCAL-Syntax mit Hilfe von Syntaxdiagrammen folgender Gestalt dar:

repeat-anweisung

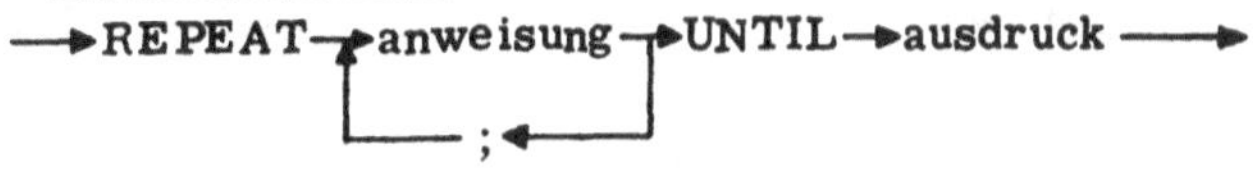


Typ von "ausdruck": BOOLEAN

Ein Syntaxdiagramm definiert den Namen (repeat-anweisung) und den Aufbau einer sprachlichen Konstruktion. Der Name wird unter alleiniger Verwendung von Kleinbuchstaben und Bindestrichen gebildet. Spezial- und Wortsymbole sowie einige Standardbezeichner werden direkt notiert:

REPEAT ; UNTIL

Konstruktionen, die mittels anderer Syntaxdiagramme definiert sind, werden durch ihren Namen repräsentiert:

anweisung ausdruck

Syntaktisch korrekte Folgen von Spezialsymbolen, Wortsymbolen, Standardbezeichnern und Konstruktionen werden durch Pfeile angegeben. Zusätzliche Forderungen - i. allg. sogenannte Kontextbedingungen - werden verbal unter der Graphik notiert:

Typ von "ausdruck": BOOLEAN

Die inhaltliche Bedeutung der Konstruktion - ihre Semantik - beschreiben wir im Text.

Zur Notation von Programmen in höheren Programmiersprachen können sinnvollerweise nur solche Zeichen verwendet werden, die auf den Druckern und Bildschirmen von Informationsverarbeitungsanlagen darstellbar sind. Einem Teil dieser Zeichen wird unmittelbar eine inhaltliche Bedeutung zugeordnet. Das heißt, jedes einzelne derartige Zeichen ist ein Morphem. Andererseits fixiert man eine Reihe von Morphemen, die jeweils aus einer wohldefinierten kurzen Zeichenfolge bestehen. Darüber hinaus ist es bei höheren Programmiersprachen möglich, nach bestimmten Regeln durch Aneinanderreihung einzelner Zeichen Morpheme zu bilden.

Die Menge der PASCAL-Morpheme zerfällt in fünf Teilmengen:

1. Spezialsymbole

+ - * / = ≠ < > ≦ ≧ ( )

[ ] { } := . , ; : .. ' ↑

2. Wortsymbole

| AND | DOWNTO | GOTO | OR | THEN |
|---|---|---|---|---|
| ARRAY | ELSE | IF | PACKED | TO |
| BEGIN | END | IN | PROCEDURE | TYPE |
| CASE | FILE | LABEL | PROGRAM | UNTIL |
| CONST | FOR | MOD | RECORD | VAR |
| DIV | FORWARD | NOT | REPEAT | WHILE |
| DO | FUNCTION | OF | SET | WITH |

3. Bezeichner
4. Vorzeichenlose Zahlen und Zeichenkettenkonstanten
5. Trennzeichen.

Man beachte bei den Spezialsymbolen, daß sowohl die Zeichen

= : .

als auch die Zweierkombinationen

:= ..

Morpheme sind! Die Regeln zur Bildung von Morphemen der Klassen 3. und 4. beschreiben wir mit Hilfe von Syntaxdiagrammen.

Wir verwenden im folgenden drei Konstruktionen mit den Namen buchstabe, ziffer und zeichen. Ohne formale Definition sei vereinbart, daß sie die Auswahl eines Großbuchstaben, einer Dezimalziffer bzw. eines beliebigen druckbaren Zeichens bedeuten. Für spätere Bezugnahmen werden die Syntaxdiagramme durchnumeriert.

(1) bezeichner

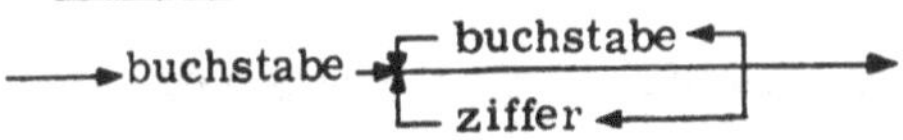


"bezeichner" sind verschieden von allen Wortsymbolen.

Beispiele. A C11MIN MAXINT

(2) ziffern

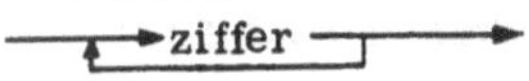


Beispiele. 123 00084 13009

(3) natürliche-zahl

(4) relle-zahl

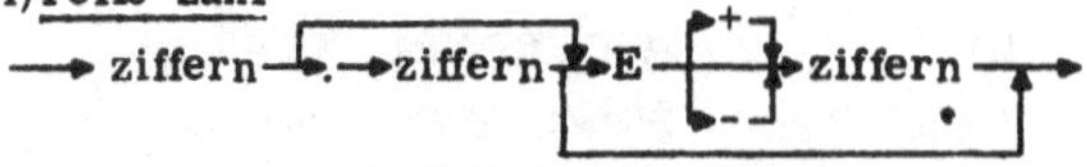


Beispiele. 3.97E-2 2.1 8E2

(5) zeichenkette

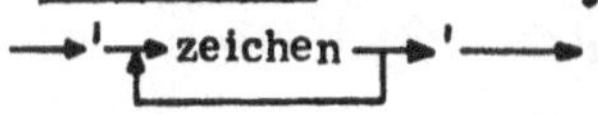


1. Ist "zeichen" ein Apostroph, dann ist er doppelt zu schreiben.
2. Innerhalb einer "zeichenkette" darf kein Zeilenwechsel auftreten.

Beispiele. 'FRANZ' 'SEAN O''CASEY'' )%'

Syntaxdiagramm (1) definiert die Bezeichner als mindestens einelementige, beliebig lange Folgen von Großbuchstaben und Dezimalziffern, die mit einem Buchstaben beginnen und von allen Wortsymbolen verschieden sind. Bezeichner werden vom Programmierer als Namen von Konstanten, Typen, Variablen, Prozeduren, Funktionen und Parametern sowie als Programmname eingeführt. Die PASCAL-Compiler erlauben im allgemeinen einerseits Bezeichner, die sich maximal über eine ganze Zeile erstrecken, legen aber andererseits fest:

Bezeichner, die in den ersten n Zeichen übereinstimmen, sind gleich.

Einem Vorschlag von WIRTH [10] folgend, sollte man so programmieren, als wäre n = 8. Die auf ESER-Anlagen betriebenen Compiler sehen Bezeichner nur dann als verschieden an, wenn sie sich in den ersten acht Zeichen unterscheiden.

Das bei der Darstellung reeller Zahlen (Diagramm (4)) mögliche Zeichen E ist zu interpretieren als

"mal 10 hoch".

Das folgende Beispiel soll helfen, einen bei PASCAL-Anfängern häufig auftretenden Fehler zu vermeiden. Man beachte den Unterschied zwischen den Zahlen

400 , 400.00 und 4E2 ,

auf eine natürliche Vierhundert folgen zwei reelle!

Die Sprache PASCAL kennt drei Gestalten des Morphems "Trennzeichen":

1. einen Kommentar,
2. das Leerzeichen,
3. den Zeilenwechsel.

(6) kommentar

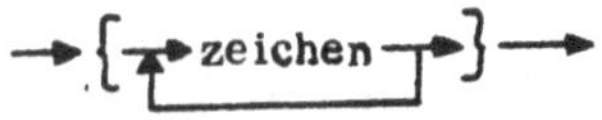


"zeichen" darf keine schließende geschweifte Klammer sein.

Beispiel. {DAS IST EIN KOMMENTAR.}

Kommentare dürfen - im Gegensatz zu Zeichenketten - über mehrere Zeilen ausgedehnt sein. Innerhalb von Zeichenketten und Kommentaren verlieren alle Spezialsymbole, Wortsymbole, Bezeichner und Zahlen ihre inhaltliche Bedeutung. Insbesondere sind Leerzeichen keine Trennzeichen.

Wer Programme in einer höheren Sprache schreibt, sie übersetzt, testet und nutzt, wird stets mit einigen Besonderheiten "seines" Sprachverarbeitungssystems konfrontiert sein. Wir stellen im folgenden noch einige allgemeingültige Hinweise für die Notation von PASCAL-Programmen zusammen.

1. PASCAL-Programme werden - anders als z.B. FORTRAN-Programme - formatfrei notiert, wobei folgende Regel zu beachten ist:
Zwei Wortsymbole, Bezeichner oder Konstanten müssen durch mindestens ein Trennzeichen oder Spezialsymbol getrennt sein. An diesen Stellen sowie vor und nach einem Spezialsymbol darf eine beliebige Zahl von Trennzeichen stehen. Auf Grund dieser Regel wird das Morphem "Trennzeichen" in die Syntaxdiagramme der folgenden Abschnitte nicht explizit aufgenommen.

2. Bedingt durch die jeweilig verfügbare Hardware (Drucker- und Bildschirmzeichensatz) ist es oft erforderlich, für einige Spezialsymbole Transkriptionen zu benutzen. Hierfür hat sich die in Abb. 3.1 gegebene Liste eingebürgert.

| Spezialsymbol | ≠ | ≤ | ≥ | [ | ] | { | } | ↑ | := | : |
|---|---|---|---|---|---|---|---|---|---|---|
| Transkription | <> | <= | >= | (. | .) | (* | *) | @ | := | : |

Abb. 3.1 Transkriptionen von PASCAL-Spezialsymbolen

Die Transkriptionen %= und % haben i. allg. nur auf CDC-Computern Bedeutung. Wie schon beim einführenden Programm (Abschnitt 2.) verwenden wir nachfolgend sowohl in den Syntaxdiagrammen als auch in den Beispielen stets die Notationen <>, <=, >=, (* , *) und @. Die eckigen Klammern werden nur in jenen Beispielprogrammen umschrieben, die mit Hilfe des Mehrfachzugriffsystems MS [16, 17] im Dialogbetrieb entwickelt und benutzt werden.

3. Viele Programmsysteme, die der Aufbewahrung und Wartung von Quelltexten dienen, speichern im 80-spaltigen Lochkartenformat mit Zeilennumerierung in den letzten acht Spalten. Die PASCAL-Compiler bieten daher i. allg. die Möglichkeit, bei Programmeingabe im Lochkartenformat wahlweise die Spalten 73 bis 80 zu ignorieren. Insbesondere unter dem Aspekt eines Programmaustauschs zwischen verschiedenen PASCAL-Nutzern ist es ratsam, bei der Programmierung darauf zu achten, daß alle Quelltextzeilen vom 73. Zeichen an nur Leerzeichen enthalten.

## 3.2. Blöcke

### 3.2.1. Allgemeines

Programme beschreiben Informationsverarbeitungsprozesse. Inhaltlich zerfällt eine derartige Beschreibung in zwei Teile:

1. Angabe der Objekte des Informationsverarbeitungsprozesses;
2. Beschreibung der mit den Objekten ausgeführten Aktionen.

Ein Objekt ist ein geordnetes Paar, bestehend aus einem Identifikator und einem Wert. Der Identifikator wird benutzt, um auf das eigentlich Interessante am Objekt - auf seinen Wert - Bezug zu nehmen. Es ist üblich, zwei Sorten von Objekten zu unterscheiden:

1. Konstanten - Objekte, deren Wert durch den Informationsverarbeitungsprozeß nicht verändert werden kann,
2. Variablen - Objekte, deren Wert durch gewisse Aktionen veränderbar ist.

In PASCAL treten neben den für beide Objektsorten möglichen Bezeichnern noch implizite Identifikatoren auf. Konstanten, z.B. 17, werden auch durch ihre Gestalt - d.h. die unmittelbar aufeinanderfolgenden Ziffern 1 und 7 - identifiziert. Dynamische Variablen können nur über Pointer erreicht werden (Abschnitt 3.7.).

Wir unterscheiden grob vier Arten von Aktionen, die bei Informationsverarbeitungsprozessen eine Rolle spielen:

1. Bildung "neuer" Werte aus "alten";

B e i s p i e l e . Addition von Zahlen, Verneinung von Wahrheitswerten.

Diese Aktionen werden in PASCAL durch sogenannte Ausdrücke beschrieben.

2. Belegung einer Variablen mit einem Wert;

Hierfür gibt es in PASCAL die Ergibtanweisung. In ihr tritt das Spezialsymbol := als Wertzuweisungsoperator auf.

3. Steuerung der Reihenfolge von Aktionen;

B e i s p i e l e . Ausführung einer gekennzeichneten Aktionenfolge, Auswahl einer von mehreren Aktionen, mehrfache Ausführung einer Aktion.

Diese Aktivitäten werden in PASCAL durch Prozeduranweisungen und Funktionsaufrufe sowie verschiedene strukturierte Anweisungen ausgedrückt.

4. Kommunikation mit externen Geräten;

PASCAL bietet Eingabe/Ausgabe-Operationen für sequentiell organisierte Dateien an.

Der Vollständigkeit halber sei vermerkt, daß natürlich Eingabeanweisungen i.allg. ebenfalls die Belegung von Variablen mit Werten bewirken und in diesem Sinne auch zu Punkt 2 gehören.

Beim Programmieren entsteht sehr schnell der Wunsch, Teilprogramme zu formulieren und diese als Bausteine umfangreicherer Programme zu verwenden. Solche Teilprogramme könnten ihrerseits wieder aus kleineren Bausteinen aufgebaut sein. Für die Zweckmäßigkeit dieser Unterprogrammtechnik lassen sich mindestens zwei gewichtige Gründe nennen:

1. Häufig gibt es umfängliche Aktionenfolgen, die innerhalb eines Informationsverarbeitungsprozesses zu verschiedenen Zeitpunkten mehrmals ausgeführt werden. Möglicherweise gibt es Aktionenfolgen, die sich nur bezüglich einiger der in ihnen auftretenden Objekte unterscheiden. Verfügt man über die Möglichkeit, derartige Folgen nur einmal - ggf. mit geeigneter Parametrisierung - zu beschreiben und ihre Ausführung mit den evtl. erforderlichen Parameterfestsetzungen von beliebigen Programmstellen aus zu veranlassen, dann erhält man kürzere und übersichtlichere Programme.

2. Die Einführung zweckmäßig definierter Unterprogramme als Bausteine kann die Klarheit eines Programms wesentlich erhöhen. Mehrstufige Programmbausteinsysteme haben sich bezüglich ihrer Wartungs- und Änderungsfreundlichkeit bewährt. WIRTH [18] publizierte das "Programmieren mit schrittweiser Verfeinerung" als Methode zur Vermeidung von Programmentwurfsfehlern. Er zielt damit auf Bausteinsysteme ab. Seine Gedanken sind mehr oder weniger Grundbestandteil aller Arbeiten über Programmiermethodologie und "Strukturierte Programmierung".

### 3.2.2. Vereinbarung von Objekten und Unterprogrammen

Die grundlegende Programmeinheit in PASCAL ist der Block. Seine Definition ist rekursiv: Als Bestandteil eines Blockes können weitere Blöcke auftreten. Jedem PASCAL-Block wird ein Kopf vorangestellt, worin durch sogenannte formale Parameter die Schnittstelle des Blockes mit der Umgebung definiert ist. Drei Arten von Köpfen treten auf: Ein vollständiges PASCAL-Programm ist ein Block, dem ein Programmkopf vorangeht. Für Unterprogramme gibt es Prozedur- und Funktionsköpfe.

(7) bezeichnerliste

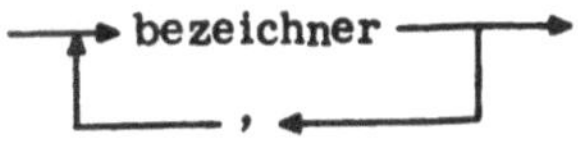


Beispiel. I, J, K, MAX

(8) programm

→ programmkopf → ; → block → . →

(9) programmkopf

→ PROGRAM → bezeichner → ( → bezeichnerliste → ) →

Beispiel. PROGRAM ABRECHNUNG (INPUT, OUTPUT)

(10) block

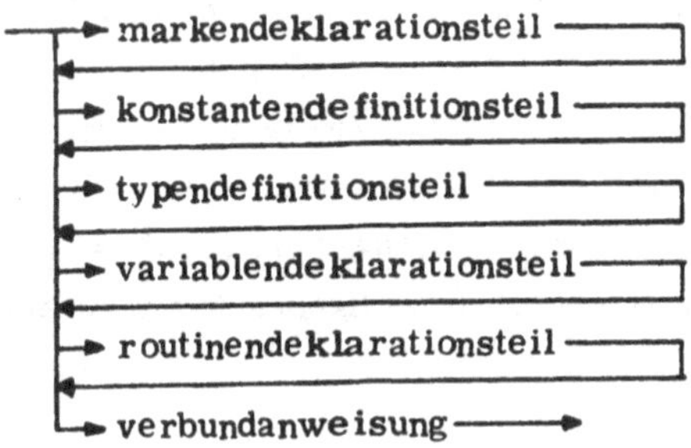


Der Programmkopf enthält den Namen des Programms und eine Liste von Programmparametern. Der Programmname ist innerhalb des Programms bedeutungslos. Er wird erst bei der Übersetzung und Abarbeitung des Programms wichtig. Bei den Programmparametern handelt es sich um Namen von Files, die innerhalb des Programms in E/A-Anweisungen auftreten. Diese Files stellen bei der Programmabarbeitung die Verbindung zu der durch das Betriebssystem gebildeten Umgebung dar.

(11) konstantendefinitionsteil

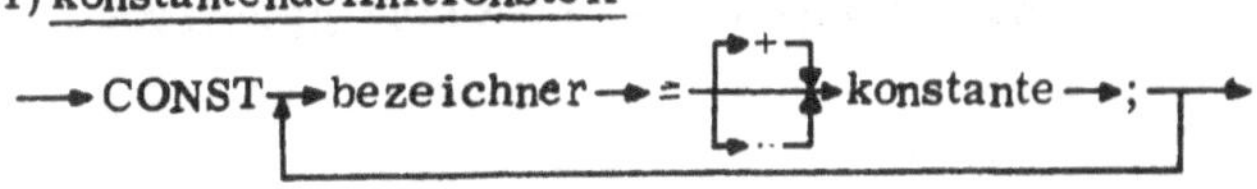


"+" oder "-" stehen nur vor letztlich numerischer "konstante".

Beispiel. CONST PI=3.1416; A=17; MAXINT=2147483647;
EMPTY='      '; MINA=-A;

(12) konstante

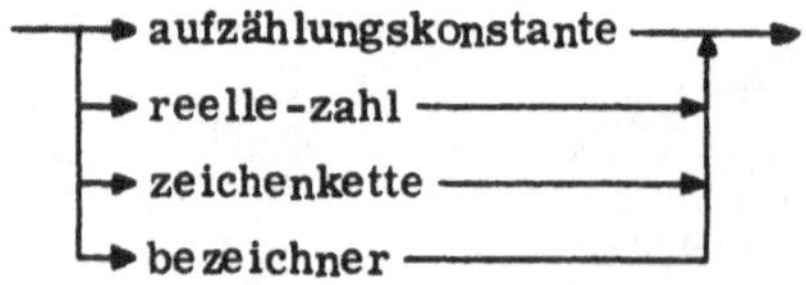


"bezeichner" muß vorher im Text innerhalb eines "konstantendefinitionsteils" oder bei der Definition eines expliziten Aufzählungstyps (Abschnitt 3.3.) aufgetreten sein, oder es muß sich um einen Standardkonstantenbezeichner handeln.

Im Konstantendefinitionsteil führt der Programmierer nach eigenem Ermessen Namen für Konstanten ein. Die konsequente Verwendung benannter Konstanten erhöht neben der Lesbarkeit auch wesentlich die Änderungsfreundlichkeit eines Programms. Es ist sehr viel unangenehmer und fehleranfälliger, an zwölf verschiedenen Stellen aus einer 61 eine 71 zu machen, als diese Ersetzung nur einmal in der Definition der entsprechenden Konstante vorzunehmen.

(13) variablendeklarationsteil

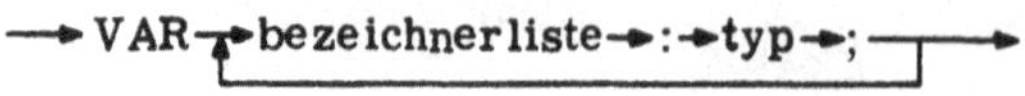


Beispiel. VAR I, J, N: INTEGER; X, Y, MAX, MIN: REAL;
NAME, ORT: ARRAY [1..16] OF CHAR;

Durch einen Variablendeklarationsteil werden Variablenbezeichner eingeführt, und die Typangabe legt für jede Variable die Menge der Werte fest, die sie annehmen kann. In der PASCAL-Terminologie versteht man unter einem Datentyp - kurz: Typ - eine Wertmenge. Der Typ in einer Variablendeklaration wird entweder explizit beschrieben, oder man notiert einen Typbezeichner, der einen Standardtyp kennzeichnet oder auf eine vorher notierte Typdefinition Bezug nimmt.

(14) typendefinitionsteil

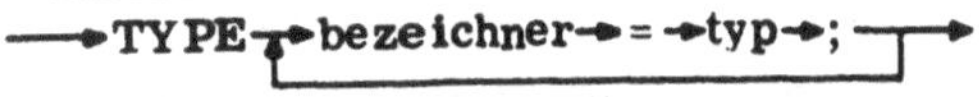


**Beispiel.** TYPE NUMMERN = INTEGER;
ALFA = ARRAY (.1..8.) OF CHAR;
POSINT = 1..MAXINT;

Ein Typendefinitionsteil legt Bezeichner für Datentypen fest. Typbezeichner können in weiteren Typdefinitionen und in Variablendeklarationen verwendet werden. Bei den in Prozedur- und Funktionsköpfen auftretenden Typangaben für Parameter und Funktionsresultat müssen Typbezeichner notiert werden.

Die Leistungsfähigkeit einer Programmiersprache hängt wesentlich von den Datenstrukturen ab, mit denen in ihr gearbeitet werden kann. Aus diesem Grund sehen wir die detaillierte Beschreibung der PASCAL-Datentypen in den folgenden Abschnitten als zentralen Teil der Sprachdarstellung an.

(15) routinendeklarationsteil

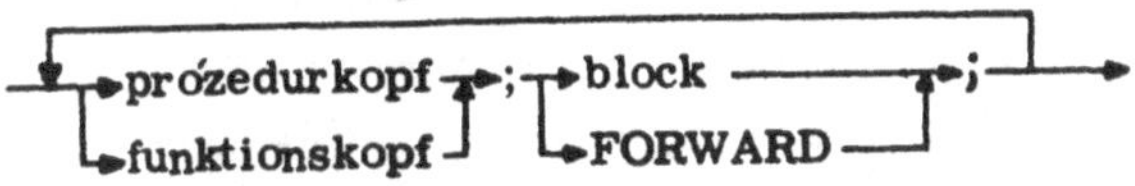


(16) prozedurkopf

**Beispiel.** PROCEDURE MITTELWERT(A, B: INTEGER; VAR M: REAL)

(17) funktionskopf

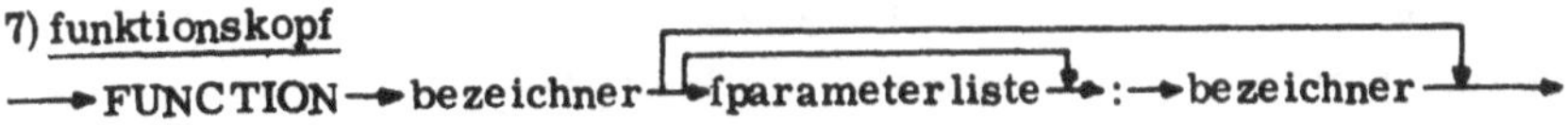


"bezeichner" hinter ":" muß Typbezeichner eines Typs sein, der mit REAL, einem Aufzählungstyp oder einem Pointertyp (Abschnitt 3.7.) verträglich ist.

**Beispiel.** FUNCTION PRIMENUMBER(I: INTEGER): BOOLEAN

(18) fparameterliste

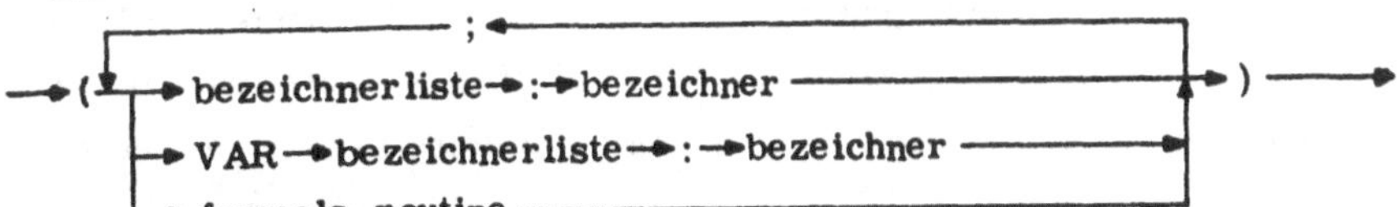


"bezeichner" muß ein Typbezeichner sein.

Im Routinendeklarationsteil werden Unterprogramme vereinbart.
Ein Routinenkopf hat maximal drei Bestandteile:

1. Routinename. Er muß immer vorhanden sein und wird verwendet, um die Aktivierung der Routine durch Prozeduranweisungen bzw. Funktionsaufrufe zu befehlen.

2. Liste der formalen Parameter. Sie beschreibt die Schnittstelle zwischen dem Unterprogramm und seiner Umgebung. Das heißt, sie legt die Anzahl der aktuellen Parameter fest, die der Programmierer für die Abarbeitung bereitzustellen hat, ferner die Art der Parameter, ihren Typ und die Reihenfolge ihrer Anwendung. Durch die Formalparameterliste wird die Struktur der in den entsprechenden Prozeduranweisungen bzw. Funktionsaufrufen zu notierenden Listen aktueller Parameter bestimmt.

3. Typ der Funktion. Es wird fixiert, von welchem Typ der in einem Funktionsunterprogramm berechnete Funktionswert ist. Man beachte, daß hier nur Werte aus Aufzählungstypen (darunter insbesondere INTEGER, BOOLEAN und CHAR), aus Pointertypen (Abschnitt 3. 7.) und aus dem Typ REAL erlaubt sind.

Diagramm (18) zeigt, daß es in PASCAL drei Arten von Parametern gibt. Sie werden als Wertparameter, Referenzparameter und formale Routinen bezeichnet. Formale Routinen und die Arbeit mit ihnen besprechen wir in Abschnitt 3. 8. 3. Wert- und Referenzparameter unterscheiden sich in der Art der Parametervermittlung. Davon ausgehend, sind bei der Unterprogrammaktivierung in der Liste der aktuellen Parameter auf den entsprechenden Positionen unterschiedliche Konstruktionen zulässig.

1. Wertparameter. In der Formalparameterliste fehlt bei ihnen das Wortsymbol VAR. Als aktuelle Parameter können Ausdrücke (Abschnitt 3. 3. 2.) auftreten.

Parametervermittlung: Vor der Unterprogrammabarbeitung wird einmalig der Wert des aktuellen Parameters ermittelt und einem nur innerhalb des Unterprogramms existierenden Objekt als Anfangswert zugewiesen. Alle in der Routine erfolgenden Bezugnahmen auf den formalen Parameter sind dann Zugriffe zu diesem lokalen Parameterobjekt. Mit Hilfe von Wertparametern können lediglich Werte aus der Umgebung an die Routine übermittelt werden.

Sollen in umgekehrter Richtung Werte aus einer Routine an die Umgebung vermittelt werden, so muß man Referenzparameter benutzen.

2. Referenzparameter. Ihnen wird in der Liste der formalen Parameter das Wortsymbol VAR vorangestellt. Als aktuelle Parameter können nur Variablen (Diagramm (32)) zugeordnet werden.

Parametervermittlung: Vor der Unterprogrammabarbeitung wird einmalig das vom entsprechenden aktuellen Parameter bezeichnete Objekt bestimmt und fixiert. Alle während der Abarbeitung der Routine erfolgenden Bezugnahmen auf den formalen Parameter betreffen dann dieses Objekt. Demzufolge können mit Hilfe von Referenzparametern Werte zwischen Umgebung und Unterprogramm in beiden Richtungen übermittelt werden.

In Diagramm (15) sieht man, daß als sogenannter Routinenkörper nicht nur der Block, sondern auch das Wortsymbol FORWARD möglich ist. Wir verschieben die Diskussion der damit zusammenhängenden Feinheiten in der Benutzung von PASCAL-Routinen auf Abschnitt 3.8.

Auf Diagramm (10) zurückblickend fassen wir zusammen: Die lokalen Objekte eines PASCAL-Blocks werden mit Hilfe von Konstantendefinitionen und Variablendeklarationen fixiert. Darüber hinaus ist es möglich, Unterprogramme zu vereinbaren und sie mit einem Namen sowie einer Schnittstellendefinition zu versehen. Variablen und formale Parameter werden bezüglich der bei ihnen zulässigen Werte durch Typangaben eingeschränkt. Es ist möglich - und für den Fall formaler Parameter obligatorisch -, derartige Wertmengen in einem Typdefinitionsteil zu benennen. Die innerhalb des Blokkes erfolgenden Aktionen werden durch eine Verbundanweisung beschrieben.

(19) verbundanweisung

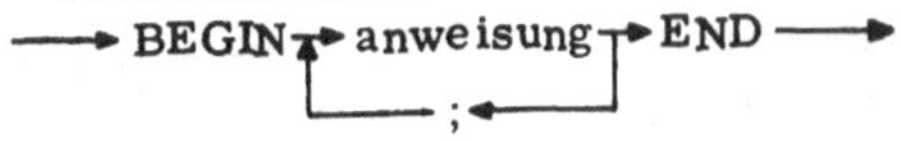


Sie definiert die sequentielle Abarbeitung der durch Semikolon getrennten Komponentenanweisungen in der Reihenfolge ihrer Notation.

### 3.2.3. Gültigkeitsbereich von Bezeichnern

Wir beschließen den Abschnitt über PASCAL-Blöcke mit Ausführungen über den Gültigkeitsbereich von Bezeichnern. Drei Definitionen seien an den Anfang gestellt:

1. "lokal". Alle in der Formalparameterliste, alle im Konstanten- und Typdefinitionsteil sowie alle im Variablen- und Routinendeklarationsteil (hier nur die Routinennamen) eines Blocks eingeführten Bezeichner heißen lokal zu diesem Block definiert. Die Routinen im Routinendeklarationsteil eines Blocks und ihre Körper (Blöcke) nennt man ebenfalls lokal zu dem Block definiert.

2. Verschachtelungstiefe eines Blocks. Der Hauptprogrammblock hat die Verschachtelungstiefe 0. Ein lokal zu einem Block mit der Verschachtelungstiefe n definierter Block hat die Verschachtelungstiefe n+1.

3. Deklarationspegel eines Bezeichners. Ein lokal zu einem Block mit der Verschachtelungstiefe n definierter Bezeichner hat den Deklarationspegel n+1. Per definitionem haben die PASCAL-Standardbezeichner - häufig nennt man sie vordefinierte Bezeichner - den Deklarationspegel 0.

Für die Vergabe und Benutzung von Bezeichnern lassen sich drei Regeln formulieren.

Regel 1. Alle lokal zu einem Block definierten Bezeichner müssen voneinander verschieden sein.

Regel 2. Der Gültigkeitsbereich eines jeden Bezeichners ist der Block, in dem der Bezeichner lokal definiert ist. Hierbei beachte man eine Einschränkung: Bezeichner gelten erst ab der Programmtextstelle, an der sie eingeführt werden. (Zur einzigen Ausnahme davon siehe Abschnitt 3.7.)

Betrachten wir dieselbe Sache andersherum. Es sei eine Programmstelle in einem Block B mit der Verschachtelungstiefe k ($k \geq 0$) festgehalten. Dann gibt es eine endliche Folge von Blöcken $B_0$, $B_1$, $B_2$, ..., $B_k$ mit:

- $B_0$ ist der Hauptprogrammblock;
- $B_k = B$;
- $B_{i+1}$ ist lokal zu $B_i$ definiert ($i = 0, 1, \ldots, k-1$).

Welche Bezeichner sind an der festgehaltenen Stelle gültig?

1. Alle vorher lokal zu B definierten Bezeichner.

2. Alle in $B_{k-1}$, $B_{k-2}, \ldots$, $B_0$ vorher definierten Bezeichner.

Nichtlokale gültige Bezeichner nennt man globale Bezeichner. Da die Namenseindeutigkeit nur innerhalb eines Blocks gefordert ist, kann es in der Menge der gültigen lokalen und globalen Bezeichner Namenskollisionen geben. Sie werden zugunsten des Bezeichners mit dem höchsten Deklarationspegel aufgelöst:

R e g e l 3. Wenn ein gemäß Punkt 1. und Punkt 2. gültiger Bezeichner sowohl mit dem Deklarationspegel j als auch mit dem Deklarationspegel i $(i < j)$ auftritt, dann gilt für alle Bezugnahmen auf ihn die Definition mit dem Deklarationspegel j.

Im Abschnitt 3.6.3. werden diese Regeln ergänzt.

Eine wichtige Konsequenz hieraus ist, daß auch Standardbezeichner vom Programmierer neu definiert werden können. Beispielsweise kann man zur Berechnung der Sinusfunktion eine eigene

FUNCTION SIN(X:REAL):REAL;...;

schreiben und damit die gleichnamige Standardfunktion außer Kraft setzen.

Im Progr. 3.2 sind für die einzelnen Verbundanweisungen die jeweils gültigen Bezeichner als Kommentare notiert. PASCAL-Standardbezeichner - darunter auch INPUT und OUTPUT - sind nicht mit aufgeführt. Man mache sich gründlich klar, auf welche Definition bzw. Deklaration wegen der Auflösung der zahlreichen Namenskollisionen jeweils Bezug genommen wird!

Progr. 3.2 Beispiel: Gültigkeit von Bezeichnern

```
PROGRAM BSP1 (INPUT,OUTPUT);

   CONST A = 17.3;
   VAR X,Y,Z: INTEGER;

   PROCEDURE P1(F: INTEGER);
      VAR U,V,W: INTEGER;
      PROCEDURE Q;
         VAR X: REAL;
         BEGIN
         (*GUELTIGE BEZEICHNER:
               A,Y,Z,P1,F,U,V,W,Q,X *)
         END (*Q*);
      BEGIN
      (*GUELTIGE BEZEICHNER:
            A,X,Y,Z,P1,F,U,V,W,Q *)
      END (*P1*);

```

```
PROCEDURE P2(VAR R: REAL);
  VAR X: REAL;
  FUNCTION Y(X:REAL):REAL;
    VAR A: REAL;
    BEGIN
    (*GUELTIGE BEZEICHNER:
        Z,P1,P2,R,Y,X,A *)
    END (*Y*);
  BEGIN
  (*GUELTIGE BEZEICHNER:
      A,Z,P1,P2,R,X,Y *)
  END (*P2*);

BEGIN
(*GUELTIGE BEZEICHNER:
    A,X,Y,Z,P1,P2 *)
END (*BSP1*).
```

Progr. 3.3 zeigt in Zusammenhang mit der Verwendung von Bezeichnern häufig auftretende Programmierfehler und die Reaktion des Compilers darauf. Der Leser sollte sich als wichtige Übung an Hand der obigen Darlegungen mit jedem einzelnen Fehler detailliert auseinandersetzen. Zur Erläuterung des Compilerprotokolls siehe Anhang.

Progr. 3.3 Compilerprotokoll: Bezeichnerfehler

```
 0       152 PROGRAM BSP2 (INPUT,OUTPUT);
 1       152   CONST A = 17.3;
 2       152   VAR X,Y,Z: INTEGER; A: REAL;
  1   ****                      !101
 3       168   PROCEDURE P1(F: INTEGER);
 4        84     VAR U,V,W: INTEGER;
 5        96     PROCEDURE Q;
 6        80       VAR X: REAL;
 7        84       BEGIN X := A; Y := X;
  2   ****                           !129
 8         9         U := F * T;
  3   ****                   !104
 9        11       END (*Q*);
10        12     BEGIN B := A; Q; P1(Y); P2(Y) END (*P1*);
  4   ****             !104              !104!59!51
11        24   PROCEDURE P2(VAR R: REAL);
12        24     VAR X: REAL;
13        88     FUNCTION Y(X: REAL): REAL;
14        84       VAR A: REAL;
15        88       BEGIN (*... *) END (*Y*);
16        26     BEGIN X := Y; Q; X := X + U END (* P2 *);
  5   ****                 !126!104!51   !104
17        36   BEGIN X := A; U := 3; Q;
  6   ****                !129!104  !104!51
18        43     P1(X); P2(Y);
  7   ****                 !142
19        50   END (*BSP2*).

7 LINES WITH 16 ERRORS FOUND IN THIS COMPILATION
```

```
ERROR MESSAGE(S):
-----------------
 51: ':=' EXPECTED
 59: ERROR IN VARIABLE
101: IDENTIFIER DECLARED TWICE
104: IDENTIFIER NOT DECLARED
126: NUMBER OF PARAMETERS DOESN'T AGREE WITH DECLARATION
129: TYPE CONFLICT OF OPERANDS
142: ILLEGAL PARAMETER SUBSTITUTION
```

Die dreifache Fehleranzeige bei P2(...) in Zeile 10 kommt zustande, weil ein nicht deklarierter Bezeichner als Variablenbezeichner interpretiert wird: Die öffnende Klammer liefert ERROR IN VARIABLE . Mit einer Variablen kann nur eine Ergibtanweisung beginnen, deshalb wird beim Erkennen von END gemeldet, daß ein := erwartet werde.

Ähnlich ist die Situation bei Q in den Zeilen 16 und 17. In Zeile 16 ist Y Funktionsname. Beim Erkennen des Semikolons stellt der Compiler fest, daß keine aktuellen Parameter angegeben wurden (Fehlernr. 126).

Die Programme BSP1 und BSP2 sind beide als rein formale Beispiele zu betrachten.

## 3.3. Einfache Typen und Ausdrücke

Ein Datentyp in PASCAL - kurz: Typ - ist eine definierte Menge von Werten. Man unterscheidet drei Typarten:

1. Einfache Typen. Ihre Elemente werden als unteilbare, kleinste Einheiten angesehen.

2. Strukturierte Typen. Ihre Elemente sind sogenannte strukturierte Werte, die nach bestimmten Strukturierungsmethoden aus anderen - möglicherweise selbst strukturierten - Werten zusammengesetzt werden. Es gibt Operationen für strukturierte Werte, aber man kann auch Komponenten strukturierter Werte auswählen und mit ihnen operieren.

3. Pointertypen. Ihre Elemente sind Pointer (Adressen), die auf speziell erzeugte Variablen verweisen.
Der Typbaum (Abb. 3.4) und das nachfolgende Diagramm (20) geben eine Übersicht über die Datentypen in der Sprache PASCAL.

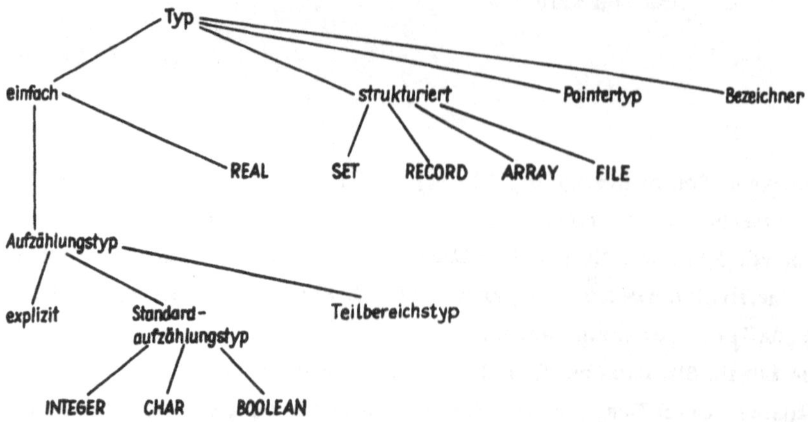


Abb. 3.4 PASCAL-Typbaum

(27) typ

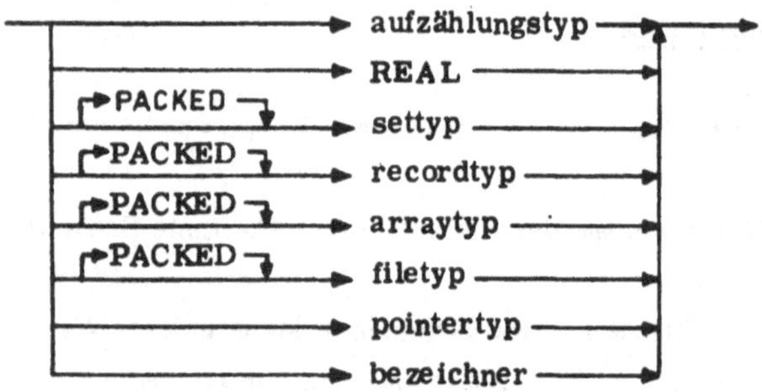

### 3.3.1. Einfache Typen

Aufzählungstypen sind endliche geordnete Mengen von Werten.

(21) <u>aufzählungstyp</u>

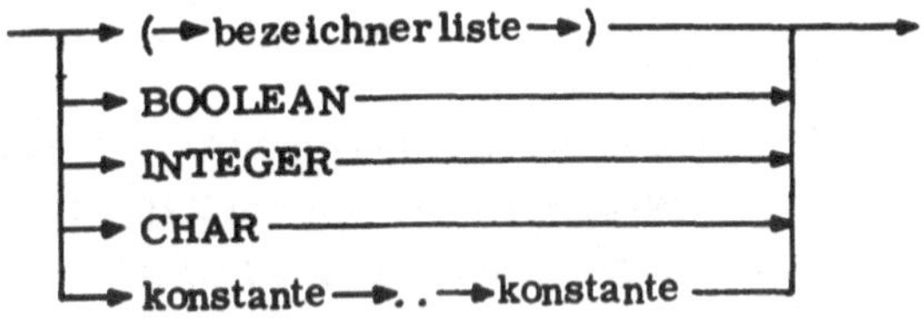


Sogenannte explizite Aufzählungstypen werden notiert als Aufzählung der Bezeichner der Typelemente in aufsteigender Ordnung.

B e i s p i e l. Die Notation

VERLIEBT, VERLOBT, VERHEIRATET, GESCHIEDEN

führt die Konstantenbezeichner VERLIEBT, VERLOBT, VERHEIRATET, GESCHIEDEN ein. Sie beschreibt einen Typ, dessen Werte die Konstanten VERLIEBT, VERLOBT, VERHEIRATET und GESCHIEDEN sind. Außerdem wird definiert

VERLIEBT < VERLOBT < VERHEIRATET < GESCHIEDEN.

BOOLEAN, INTEGER und CHAR sind die Bezeichner für drei vordefinierte Standardtypen. Diese Standardfestlegungen sind in gewissem Umfang implementationsspezifisch.

Die fünfte Zeile von Diagramm (21) beschreibt die Definition von Teilbereichtypen - kurz: Teilbereichen. Beide Konstanten müssen vom selben Aufzählungstyp sein. Außerdem muß die erste Konstante kleiner oder gleich der zweiten sein. Wenn A und B zwei diesen Bedingungen genügende Konstanten sind, dann beschreibt

A..B

die Menge aller Werte x, die zum gleichen Typ wie A und B gehören und für die gilt

$$A \leq x \leq B$$

Beispiele. 0..MAXINT

1..67

VERHEIRATET..GESCHIEDEN

Folgende Operatoren können auf Werte aller Aufzählungstypen angewendet werden:

| | |
|---|---|
| := | - Wertzuweisung an Variablen, |
| =, <> , < , > , <=, >= | - Wertvergleiche (zweistellige Operationen, beide Operanden vom gleichen Typ, liefern Resultate vom Typ BOOLEAN). |

Drei Standardfunktionen können auf Werte aller Aufzählungstypen angewendet werden:

PRED, SUCC und ORD.

PRED(x) liefert den Vorgänger (engl. predecessor) und SUCC(x) den Nachfolger (engl. successor) des Funktionsarguments. Was geschieht, wenn PRED auf den kleinsten bzw. SUCC auf den größten Wert eines Aufzählungstyps angewendet werden, hängt von der Implementation ab. Man rechne für diesen Fall mit einem undefinierten Resultat oder mit einem Programmabbruch.

ORD(x) liefert immer ein Resultat vom Typ INTEGER. Für INTEGER-Argumente ist das Resultat gleich dem Argument. Wenn das Argument x aus einem beliebigen expliziten Aufzählungstyp ist, dann liefert ORD(x) die Position des Argumentwertes in dem Typ. Man erhält sie, indem die Werte des Typs, beginnend bei 0, auf aufeinanderfolgende nichtnegative ganze Zahlen abgebildet werden.

Beispiele. ORD(-111) = -111 ORD(1000) = 1000

ORD(FALSE) = 0 ORD(TRUE) = 1

ORD(VERLIEBT) = 0 ORD(GESCHIEDEN) = 3

Für Argumente vom Typ CHAR ist das Resultat implementationsabhängig.

Für Werte x aus beliebigen Aufzählungstypen gilt:

ORD(PRED(x)) = ORD(x)-1 (falls PRED(x) existiert),

ORD(SUCC(x)) = ORD(x)+1 (falls SUCC(x) existiert).

Mit Bezug auf Progr. 3.6 ist ORD('B') = 2 und ORD('9') = 36. Bei der Beschreibung der drei Standardaufzählungstypen werden wir sehen, daß es entsprechend der Semantik des jeweiligen Typs weitere Operationen bzw. Funktionen gibt.

(22) aufzählungskonstante

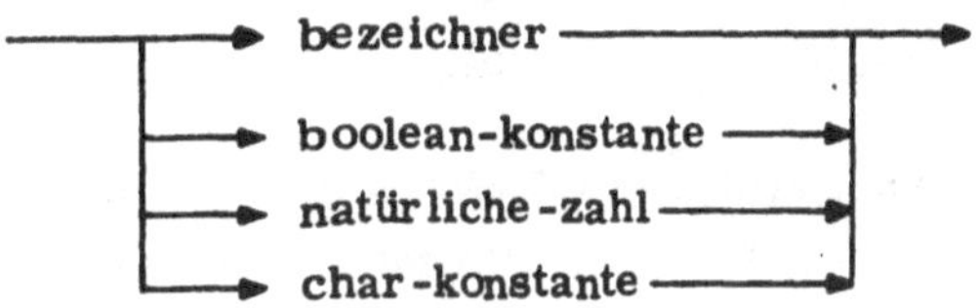


"bezeichner" ist aus der Definition eines expliziten Aufzählungstyps. Als Konstanten eines expliziten Aufzählungstyps treten die in seiner Definition notierten Bezeichner auf.

Der Standardtyp BOOLEAN ist formal vordefiniert als

```
TYPE BOOLEAN = (FALSE, TRUE);
```

Damit ergibt sich:

(23) boolean-konstante

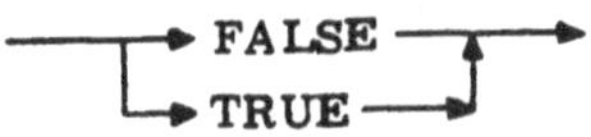


FALSE und TRUE sind als Wahrheitswerte im Sinne der Aussagenlogik zu interpretieren. Ausgehend von dieser Semantik sind für BOOLEAN-Werte in PASCAL drei zusätzliche Operatoren erklärt, die wieder auf Resultate vom Typ BOOLEAN führen:

| | |
|---|---|
| NOT | einstellig, Negation; |
| AND | zweistellig, Konjunktion; |
| OR | zweistellig, Disjunktion. |

Negation:

| | x | TRUE | FALSE |
|---|---|---|---|
| NOT | x | FALSE | TRUE |

Konjunktion und Disjunktion:

| x | TRUE | TRUE | FALSE | FALSE |
|---|---|---|---|---|
| y | TRUE | FALSE | TRUE | FALSE |
| x AND y | TRUE | FALSE | FALSE | FALSE |
| x OR y | TRUE | TRUE | TRUE | FALSE |

Die elementaren Konstanten des Standardtyps INTEGER sind die in Diagramm (3) definierten natürlichen Zahlen. Der Typ INTEGER ist i.allg. durch Festkommazahlen mit der entsprechenden Arithmetik realisiert. Bei ESER-Impementationen von PASCAL umfaßt er die ganzen Zahlen x mit

$$-2^{31} \leqq x < 2^{31}.$$

Für INTEGER-Werte gibt es zusätzlich fünf zweistellige Operatoren, die INTEGER-Resultate liefern:

+, -, *, DIV (ganzzahlige Division) und
MOD (Divisionsrest).

Die ersten drei bedeuten Addition, Subtraktion und Multiplikation. Zur exakten Definition der Operationen DIV und MOD betrachten wir zwei ganze Zahlen p und q mit $q \neq 0$.

Es ist dann

$$p \text{ DIV } q = \text{sign}(p/q) * [|p/q|]$$
$$p \text{ MOD } q = p - (p \text{ DIV } q)\, q$$

Hierin ist

$$\text{sign}(x) = \begin{cases} 1, & \text{falls } x > 0, \\ 0, & \text{falls } x = 0, \\ -1, & \text{falls } x < 0 \end{cases}$$

und

$[z]$ = größte ganze Zahl, die nicht größer als z ist.

Beispiele. 13 DIV 4 = 3 13 MOD 4 = 1
13 DIV (-4) = -3 13 MOD (-4) = 1
(-13) DIV 4 = -3 (-13) MOD 4 = -1

+ und - können auch als einstellige Operatoren auftreten. Sie bedeuten dann Identität bzw. Vorzeichenumkehr.

Die Standardfunktionen

ABS(x) und SQR(x)

liefern den Absolutbetrag bzw. das Quadrat ihres Arguments. Das Argument x steht dabei symbolisch für einen Wert. Außerdem existiert für INTEGER-Werte noch die Standardfunktion

ODD(x).

Sie liefert ein Resultat vom Typ BOOLEAN, und zwar:

$$\text{ODD}(x) = \begin{cases} \text{TRUE, falls } x \text{ ungerade,} \\ \text{FALSE, falls } x \text{ gerade.} \end{cases}$$

Man beachte, daß das Resultat einer Operation mit INTEGER-Zahlen genau dann korrekt ist, wenn sowohl alle Operanden bzw. das Funktionsargument als auch (außer bei der Funktion ODD) das Resultat in dem durch die Implementation fixierten Typ INTEGER liegen!

Beim Standardaufzählungstyp CHAR handelt es sich um eine implementationsabhängig festgelegte Menge druckbarer Zeichen. Auch die Ordnung der Elemente des Typs CHAR kann von Implementation zu Implementation verschieden sein.

(24) char-konstante

——▸ ' ——▸ zeichen ——▸ ' ——▸

"zeichen" ist aus CHAR.

Man kann sagen, daß "char-konstanten" gerade die "zeichenketten" (Diagramm (5)) der Länge 1 sind.

Die PASCAL-Implementationen folgen i. allg. einer von WIRTH [15] aufgestellten Minimalforderung an den Typ CHAR: Die Ziffernzeichen 0 , 1 , ..., 9 sind in dieser Reihenfolge unmittelbar aufeinanderfolgend angeordnet. Daraus ergibt sich für die Umwandlung einer Ziffer z in den durch sie repräsentierten INTEGER-Wert folgende einfache Methode: Man berechnet

ORD(z) - ORD( 0 ).

Für Werte des Typs CHAR gibt es neben den für alle Aufzählungstypen verfügbaren Operatoren und Standardfunktionen keine weiteren.

Zur Umwandlung von INTEGER-Werten in Elemente des Typs CHAR existiert die Standardfunktion

CHR(x) ,

die als Resultat das Zeichen liefert, dessen Position im Typ CHAR gleich dem Funktionsargument ist. Wenn ein solches Zeichen nicht existiert, ist implementationsabhängig das Resultat undefiniert, oder es erfolgt ein Programmabbruch. Für jedes Zeichen ch aus dem Typ CHAR gilt:

CHR(ORD(ch)) = ch .

Progr. 3.5 dient zum Drucken der Elemente des Typs CHAR. Aus der Tabelle ist sofort die Positionsnummer (ORD(ch)) jedes Zeichens ablesbar. Gedruckt ist der Typ CHAR der von den Autoren genutzten PASCAL-Version.

Progr. 3.5 Der Standardtyp CHAR in PASCAL/P [17]

```
152 PROGRAM PRINTCHAR (OUTPUT);
152   VAR CH: CHAR;
156   BEGIN
  3     WRITELN('-PASCAL-STANDARDTYP CHAR');
 11     WRITELN(' **************************');
 18     WRITELN('0    ! 0 1 2 3 4 5 6 7 8 9');
 25     WRITE(' ---!----------------------');
 30     FOR CH:=':' TO ';' DO
 38       BEGIN
 38         IF ORD(CH) MOD 10 = 0 THEN
 44           BEGIN WRITELN(OUTPUT);
 46             WRITE(ORD(CH) DIV 10 :3, ' !');
 57           END;
 57         WRITE(CH:2);
 61       END;
 65     WRITELN(OUTPUT);
 67   END (* PRINTCHAR *) .
```

```
SUCCESSFUL COMPILATION

PASCAL-STANDARDTYP CHAR
***************************

   ! 0 1 2 3 4 5 6 7 8 9
---!--------------------
 0 !   : A B C D E F G H I
 1 ! J K L M N O P Q R S
 2 ! T U V W X Y Z 0 1 2
 3 ! 3 4 5 6 7 8 9 + - *
 4 ! / ( ) ¤ =   , . # [
 5 ! ] % " _ ! & ' ? < >
 6 ! @ \ ¬ ;
```

Das Programm funktioniert für jede Implementation, wenn man nur das kleinste und das größte Zeichen (hier ':' und ';') kennt und diese Werte in der FOR-Anweisung einsetzt. Der "fortgeschrittene" Leser schreibe das Programm so um, daß die Kenntnis der Anzahl der Elemente des Typs CHAR für den Tabellendruck ausreicht!

Der letzte gemäß Abb. 3.4 noch ausstehende einfache Typ - der Standardtyp REAL - modelliert die reellen Zahlen. Die elementaren Konstanten dieses Typs sind in Diagramm (4) (reelle-zahl) definiert. Ausgehend davon, daß die "mathematischen" reellen Zahlen dicht liegen (d.h., zwischen je zwei verschiedenen reellen Zahlen gibt es unendlich viele dazwischenliegende; man kann also nicht vom "Nachfolger" einer reellen Zahl sprechen), werden auch für den PASCAL-Typ REAL keine Operationen definiert, die nur wegen der notwendigerweise diskreten Zahlendarstellung in Computern funktionieren.

Für Werte des Typs REAL sind folgende Operatoren definiert:

| | |
|---|---|
| := | - Wertzuweisung an Variablen, |
| =, <> , < , <=, > , >= | - Wertvergleiche (zweistellige Operationen, Resultat vom Typ BOOLEAN), |
| +, -, *, / | - Addition, Subtraktion, Multiplikation, Division (zweistellige Operatoren), Resultat: REAL). |

\+ und - können auch als einstellige Operatoren auftreten. Sie bedeuten dann Identität bzw. Vorzeichenumkehr.

PASCAL stellt für REAL-Werte folgende REAL-wertige Standardfunktionen zur Verfügung:

ABS(x) - Absolutbetrag,
SQR(x) - Quadrat,
SQRT(x) - Quadratwurzel,
SIN(x) - Sinus,
COS(x) - Kosinus,
ARCTAN(x) - Hauptwert des Arcustangens,
LN(x) - natürlicher Logarithmus,
EXP(x) - Exponentialfunktion $e^x$.

Die Anwendung von SQRT auf negative Werte sowie die Anwendung von LN auf nichtpositive Werte führen zum Programmabbruch. Für die Umwandlung von REAL-Argumenten in INTEGER-Resultate gibt es zwei Standardfunktionen:

TRUNC(x)

schneidet die Stellen nach dem Komma ab.

Beispiel. TRUNC(7.8) = 7 TRUNC(-7.8) = -7

Die Rundungsfunktion ROUND(x) ist definiert als

$$\text{ROUND}(x) = \begin{cases} \text{TRUNC}(x+0.5) \text{ für } x \geq 0.0, \\ \text{TRUNC}(x-0.5) \text{ für } x < 0.0. \end{cases}$$

Umwandlungen INTEGER → REAL werden bei Wertzuweisungen durch eine sogenannte automatische Typanpassung vorgenommen.

Die numerischen Eigenschaften der Arbeit mit Werten vom Typ REAL hängen von der rechnerinternen Darstellung der Zahlen ab. REAL-Werte sind i. allg. als Gleitkommazahlen mit der entsprechenden Arithmetik realisiert.

Für den an numerischen Anwendungen interessierten Leser stellen wir im folgenden eine PASCAL-Prozedur vor [19]. Sie liefert drei grundlegende Charakteristika der jeweiligen REAL-Arithmetik, die bei numerischen Berechnungen zu beachten sind.

Bei Gleitkommazahldarstellungen wird das Vorzeichen separat gespeichert. Die Null hat eine Extradarstellung. Wir können uns daher auf die Erläuterung positiver Gleitkommazahlen beschränken. Jede reelle Zahl $x > 0$ kann für eine vorgegebene ganzzahlige Basis $b > 1$ eindeutig dargestellt werden als:

$$x = m \cdot b^a \qquad \text{mit } 1/b \leqq m < 1 \qquad (*)$$

und ganzzahligem Exponenten a.

Diese Darstellung heißt normalisierte Gleitkommadarstellung. Rechnerintern speichert man nun den Exponenten a und eine feste Stellenzahl l der im Zahlensystem mit der Basis b geschriebenen Mantisse m. Für uns sind die Basis b und die Mantissenlänge l von Interesse. Wir betrachten zwei reelle Zahlen $x_1$ und $x_2$

$$x_1 = m_1 \cdot b^{a_1}, \quad x_2 = m_2 \cdot b^{a_2} \quad \text{mit } a_1 > a_2.$$

Für die Addition bzw. die Subtraktion dieser Zahlen wird rechnerintern zunächst dafür gesorgt, daß beide Darstellung denselben Exponenten haben. In unserem Fall wäre also

$$x_2 = b^{a_1} \cdot (m \cdot b^{a_2 - a_1}) . \qquad (**)$$

Dann erfolgt die Addition bzw. Subtraktion der Mantissen. Abschließend muß eventuell zur Gewährleistung der Normalisierungsbedingung (*) eine Exponentenkorrektur erfolgen. Die Darstellung (**) ist nicht mehr normalisiert, die ersten $a_1 - a_2$ Stellen der Mantisse sind Nullen. Da die rechnerinterne Speicherung der Zahl nur l Stellen zuläßt, sind rechts $a_1$-$a_2$ Stellen verlorengegangen. Die Frage ist nun: Wurde hinten einfach abgeschnitten, oder wurde unter Berücksichtigung der höchsten wegfallenden Stellen gerundet? Wichtig für das Verständnis von Progr. 3.6 ist der Hinweis, daß sich für

$$a_1 - a_2 \geqq l$$

ergibt

$$x_1 + x_2 = x_1 .$$

Progr. 3.6 Untersuchung der REAL-Darstellung

```
PROGRAM REALREPRAESENTATION (OUTPUT);
(**********************************************)
  VAR BASIS,MANTISSE: INTEGER;
      RUNDUNG: BOOLEAN;

  PROCEDURE ENQUIRY(VAR RADIX,DIGITS: INTEGER;
                    VAR ROUNDS: BOOLEAN        );
  (*-------------------------------------------*)
       (*
          PUBLISHED BY: A.H.J. SALE
                    IN: PASCAL NEWS #13
                        DECEMBER, 1978
                        PAGE 33
       *)
    VAR NUMBER, INCREMENT: REAL;
    BEGIN
      (*FIND LARGEST INTEGRAL VALUE JUST BEYOND INTEGER LIMITS*)
      NUMBER:=2.0;
      WHILE NUMBER+1.0-NUMBER = 1.0 DO NUMBER:=NUMBER*2.0;
      (*MANUFACTURE THE NEXT LARGEST REAL VALUE*)
      INCREMENT:=2.0;
      WHILE NUMBER+INCREMENT = NUMBER DO INCREMENT:=INCREMENT*2.0;
      (*SUBTRACT THESE TO GIVE RADIX OF REPRESENTATION*)
      RADIX:=TRUNC(NUMBER+INCREMENT-NUMBER);
      (*SEE IF IT ROUNDS BY ADDING (RADIX-1)*)
      ROUNDS:=NUMBER+(RADIX-1)<>NUMBER;
      (*WORK OUT HOW MANY DIGITS IN MANTISSA*)
      DIGITS:=0; NUMBER:=1.0;
      WHILE NUMBER+1.0-NUMBER = 1.0 DO
        BEGIN DIGITS:=DIGITS+1;
          NUMBER:=NUMBER*RADIX;
        END;
    END (* ENQUIRY *) ;

  BEGIN
    ENQUIRY(BASIS,MANTISSE,RUNDUNG);
    WRITELN('-BASIS = ', BASIS:1);
    WRITELN(' MANTISSENLAENGE = ', MANTISSE:1);
    IF RUNDUNG THEN WRITELN(' GERUNDET')
    ELSE WRITELN(' ABGESCHNITTEN');
  END  (* REALREPRAESENTATION *).
```

Für unser PASCAL/P-System ergeben sich folgende Resultate:

BASIS = 16

MANTISSENLAENGE = 6

ABGESCHNITTEN

Wichtig für das exakte Funktionieren des Programms ist, daß Zahlendarstellung und Arithmetik genau so sind, wie oben beschrieben wurde (und daß der Compiler keine Optimierungsumformungen an den Ausdrücken vornimmt)!

Übungsaufgaben

1. Man schreibe unter Benutzung der Prozedur ENQUIRY ein Programm zur Ermittlung des größten und des kleinsten darstellbaren positiven REAL-Wertes.

2. Optimierende Compiler sind dadurch gekennzeichnet, daß sie u.a. Formelumstellungen vornehmen mit dem Ziel, Mehrfachberechnungen gleicher Formelausdrücke zu vermeiden. So würde ein solcher Compiler den Ausdruck NUMBER + 1.0 - NUMBER in 1.0 ändern.

Man überlege, wie durch Verwendung zusätzlicher Variablen automatische Optimierungsumformungen ausgeschaltet werden können.

### 3.3.2. Ausdrücke

Die Bildung von Werten aus Werten wird durch Ausdrücke beschrieben. Um die Vorrangregeln für die Operatoren schon in der Syntax zu verankern, werden die Ausdrücke vierstufig definiert. Zuerst legen wir drei Klassen jeweils gleichrangiger Operatoren fest.

(25) relop

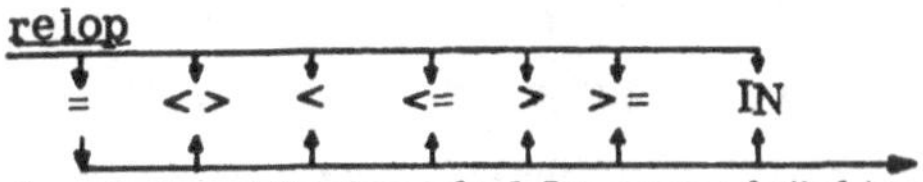


Der durch das Wortsymbol IN ausgedrückte Operator beschreibt das Enthaltensein eines Elements in einer Menge (siehe Abschnitt 3.6.)

(26) addop

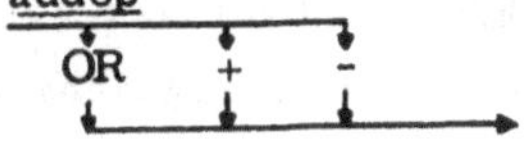


(27) multop

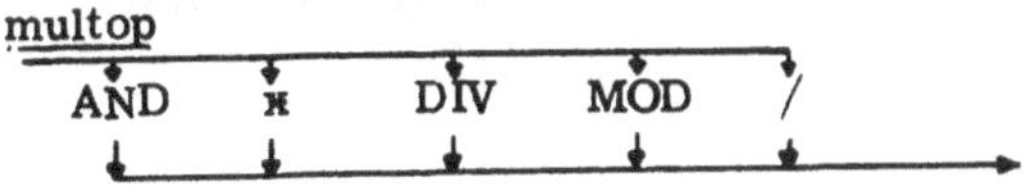


(28) ausdruck

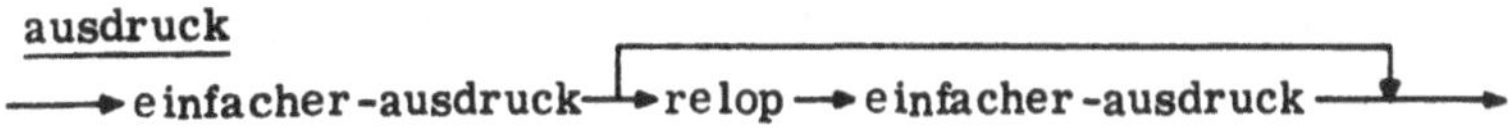

(29) einfacher-ausdruck

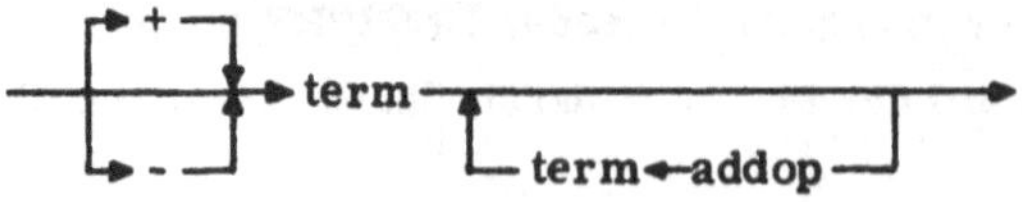


(30) term

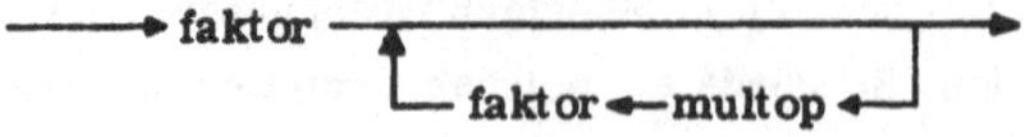


(31) faktor

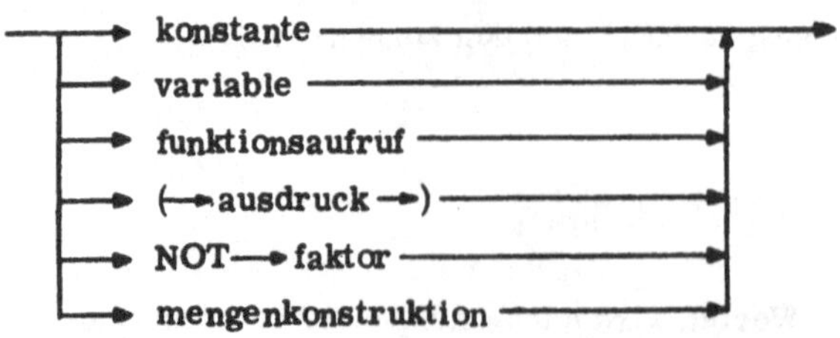


"konstante" darf nicht mit + oder - beginnen.

Den höchsten Vorrang hat der Operator NOT. Danach folgen die Multiplikationsoperatoren (27), anschließend die Additionsoperatoren (26) und zuletzt die Relationsoperatoren. Eine von dieser Vorrangregelung abweichende Berechnungsreihenfolge kann durch Klammerung (vierte Zeile im Diagramm 31) erzwungen werden. Man kann sagen: Die Klammern werden von innen nach außen durch Berechnung der eingeklammerten Ausdrücke aufgelöst. Auf jeder Klammerungstiefe werden erst Faktoren, dann Terme, danach einfache Ausdrücke und zum Schluß Ausdrücke berechnet. Folgen von zwei oder mehr Operatoren des gleichen Vorrangs werden von links nach rechts abgearbeitet (das ist z.B. in den Zeilen 17, 24, 26 und 29 des Progr. 3.6 äußerst wichtig!).

(32) variable

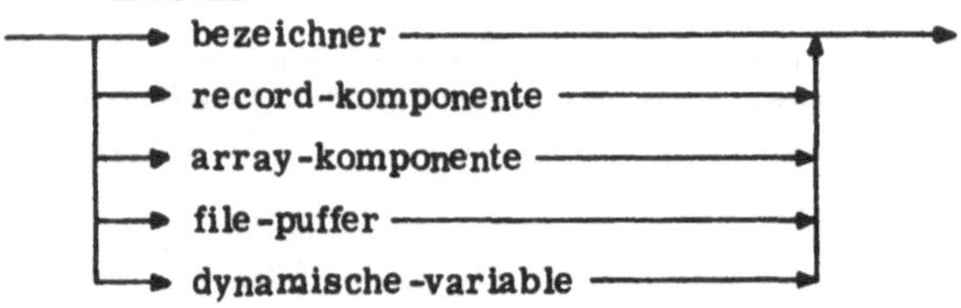


"bezeichner" ist Variablen- oder Parametername.

Komponenten, Puffer und dynamische Variablen werden in den Abschnitten 3.5. und 3.6. behandelt.

(33) funktionsaufruf

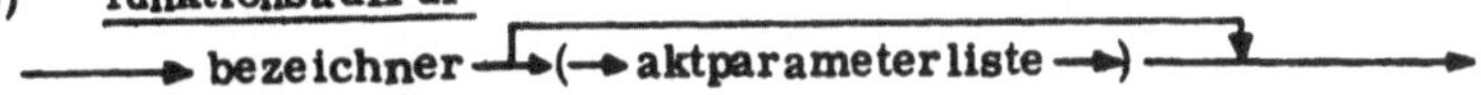


"bezeichner" ist Funktionsname.

(34) aktparameterliste

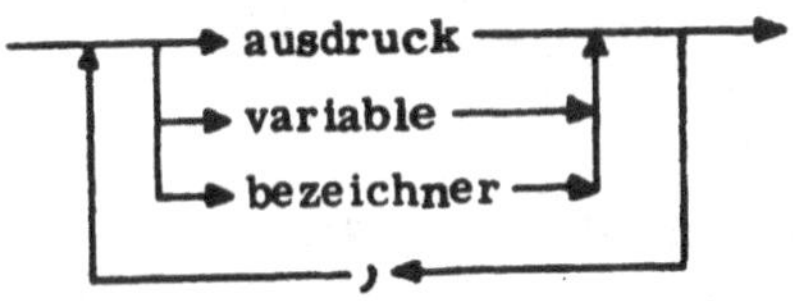


Die drei möglichen Varianten für Elemente einer Liste aktueller Parameter entsprechen in dieser Reihenfolge den Wert-, Referenz- und Routinenparametern in der zugehörigen Liste formaler Parameter. Die Parameter aller Standardfunktionen sind Wertparameter. Als aktuelle Parameter dürfen deshalb Ausdrücke notiert werden. Mengenkonstruktionen besprechen wir in Abschnitt 3.6.

Beispiele. faktor

| | |
|---|---|
| 3.14159 | Konstante |
| 'MAX UND MORITZ' | Konstante |
| R | Variable |
| SIN(0.5 * X) | Funktionsaufruf |
| (A < B) | A < B ist Ausdruck |
| NOT (A < B) | |

term

| | |
|---|---|
| 3.14159 * R | |
| P MOD 100 | |
| (A < B) AND (B < C) | |
| (T MOD 3 = 0) | weil Faktor |

einfacher ausdruck

+5
(A < B) OR NOT Q
(ABS(S) < EPS) OR (I > N)
X - Y + Z
1.0 - EXP(-X)

Übungsaufgaben

1. Man notiere folgende Formelausdrücke in PASCAL-Notation:

1.1. $3x^2 + 5y^2 - z^2$  1.2. $\frac{(a-b)^3 - 1}{1 + \sin^2 x}$  1.3. $7!$

1.4. $\binom{6}{3}$  1.5. $\sum_{n=0}^{5} \frac{(-1)^n}{(n+1) \cdot 2^n}$  1.6. $\frac{1}{2A} \; (-B + \sqrt{B^2 - 4AC})$

2. Man stelle in üblicher Formelschreibweise dar:

2.1. EXP(-X * X)  2.2. A + SIN(T)/COS(T)

2.3. 1.0 + SQR(X)/2.0 + SQR(SQR(X))/24.0

3. Mit den Werten A = 3, B = 2, C = 1, P = TRUE, Q = FALSE sind die Werte folgender Ausdrücke zu berechnen:

3.1. B * B - 4.0 * A * C < 0

3.2. (C < = B) AND NOT Q

3.3. P OR Q AND (SQR(C)+SQR(B) < SQR(A))

4. Es gelte P, Q : BOOLEAN;

Man verknüpfe P und Q so, daß das Resultat F(P, Q) folgender Definition genügt:

| P | TRUE | TRUE | FALSE | FALSE |
|---|---|---|---|---|
| Q | TRUE | FALSE | TRUE | FALSE |
| F(P,Q) | FALSE | TRUE | TRUE | FALSE |

Bei der Beschreibung der für die Werte aus einfachen Typen anwendbaren zweistelligen Operationen wurde stets gleicher Typ beider Operanden gefordert. Wir wollen diese Aussage jetzt durch den Begriff der Typverträglichkeit, der z.B. auch Teilbereiche einbezieht, präzisieren. Durch die Einführung einer automatischen Typanpassung wird die Flexibilität des Arbeitens mit Zahlen erhöht.

Eine Operation mit zwei Operanden kann nur ausgeführt werden, wenn die Typen der Operanden entweder

1. verträglich sind oder
2. für sie eine Typanpassung definiert ist.

Zwei Typen sind verträglich, wenn eine der folgenden Bedingungen erfüllt ist:

1. Beide Typen sind in derselben Typdefinition oder Variablendeklaration eingeführt.

Beispiel. TYPE T1 = (A, B, C);

VAR V1: T1; R1,R2: REAL; V3,V4: (D, E, F); V2: T1;

Verträglich: V1, V2 bzw. R1, R2 bzw. V3, V4.

2. Beide Typen sind Teilbereiche desselben Aufzählungstyps.

Beispiel. VAR V5: 0..1000; V6: 100..225;

3. Ein Typ ist ein Aufzählungstyp, der andere ist ein Teilbereich davon.

Beispiel. VAR V7: 'A'..'Z'; V8: CHAR;

Hier fehlen zwei Verträglichkeitsbedingungen für Zeichenketten und Mengen. Sie werden in dem Abschnitt 3.6. angegeben.

Für die Operanden der Operationen

+, -, *, /, =, <> , < , <=, > , >=

ist eine automatische Typanpassung INTEGER → REAL definiert. Die Notwendigkeit einer solchen Typanpassung wird bei der Compilation - man sagt - zur Compilezeit - erkannt. Zur Programmlaufzeit erfolgt eine Konvertierung von Werten des Typs INTEGER - also von Festkommazahlen - in solche des Typs REAL - also in Gleitkommazahlen.

Beispiel. 3 → 3.0

Folgende zwei Fälle werden behandelt:

1. +, -, *, /, =, <> , < , <=, > , >=

Ein Operand ist vom Typ REAL, ein Operand ist verträglich mit INTEGER: Der mit INTEGER verträgliche Operand wird zu REAL konvertiert, anschließend wird die Operation ausgeführt.

2. /

Beide Operanden sind verträglich mit INTEGER. Sie werden vor Ausführung der Division in REAL-Werte umgeformt.

In folgender Tabelle sind die Zusammenhänge zwischen Operanden- und Resultattyp bei den zweistelligen arithmetischen Operationen unter Berücksichtigung der automatischen Typanpassung dargestellt.

| | | | | |
|---|---|---|---|---|
| 1. Operand | I' | I' | R | R |
| 2. Operand | I' | R | I' | R |
| Resultat bei +, -, * | I | R | R | R |
| DIV, MOD | I | F | F | F |
| | R | R | R | R |

Zeichenerklärung. I' - verträglich mit INTEGER, I - INTEGER, R - REAL, F - Fehler (wird zur Compilezeit erkannt).

Beispiele. Es gelte VAR X, Y, Z: REAL; I, J, K: INTEGER;

| Ausdruck | Anzahl der Anpassungen | Typ des Ausdrucks |
|---|---|---|
| X + Y * I | 1 | REAL |
| I DIV J + X | 1 | REAL |
| I MOD (J + Y) (hier wird INTEGER verlangt) | falsch | |
| X + Y < I + J | 1 | BOOLEAN |
| (I / J + K) * K * K | 5 | REAL |
| 2 * Y (besser 2.0 * Y) | 1 | REAL |

## 3.4. Anweisungen

Anweisungen definieren Aktionen mit Variablen (Diagramm (32)!) und Konstanten. Sie beschreiben i. allg. Veränderungen der Werte von Variablen.

(35) anweisung

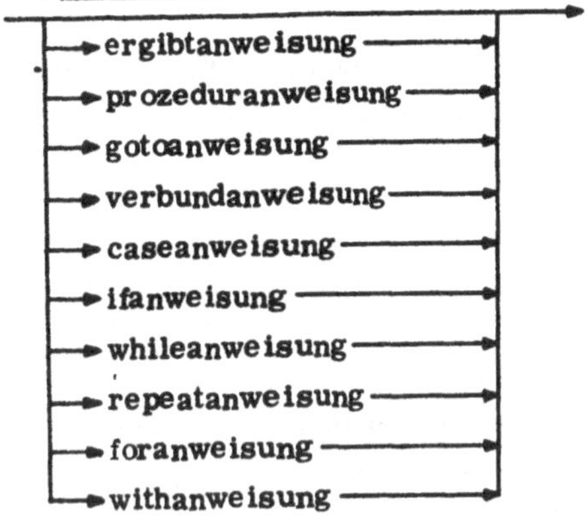


Auf die Verwendung von Marken und GOTO-Anweisungen gehen wir im Abschnitt 3.9. kurz ein. Die oberste Zeile von Diagramm (35) beschreibt die Leeranweisung. Sie bewirkt nichts. Man führt sie ein, um zuzulassen, daß der Programmierer an Stellen, wo laut Syntax eine Anweisung stehen muß, nichts hinschreibt. Diese Möglichkeit schafft bisweilen gewisse Bequemlichkeiten. So ist es beispielsweise möglich, in einer Verbundanweisung (Diagramm (19)) auch nach der letzten echten Anweisung - also direkt vor END - ein Semikolon zu setzen.

Ergibt-, Prozedur- und GOTO-Anweisungen bezeichnet man als einfache Anweisungen. Sie sind in dem Sinne kleinste Bausteine, als sie keine Bestandteile enthalten, die selbst wieder nichtleere Anweisungen sind. In PASCAL gibt es sieben strukturierte Anweisungen. Sie enthalten Komponentenanweisungen und beschreiben unterschiedliche Möglichkeiten zur Steuerung der Abarbeitung dieser Komponentenanweisungen. Die Verbundanweisung wurde bereits im Abschnitt 3.2.2., Diagramm (19), eingeführt. Die WITH-Anweisung behandeln wir im Abschnitt 3.6.

### 3.4.1. Ergibtanweisungen

Eine Ergibtanweisung beschreibt die Veränderung des Wertes einer Variablen. Der neue Wert der Variablen wird durch einen Ausdruck bestimmt.

(36) <u>ergibtanweisung</u>

——►variable—►:=—►ausdruck——►

Ihre Wirkung besteht darin, daß der Wert des rechts vom Wertzuweisungsoperator stehenden Ausdrucks zum Wert der links stehenden Variablen wird. Der Wert des Ausdrucks muß aus dem durch den Typ gegebenen Definitionsbereich der Variablen sein, oder die Variable ist vom Typ REAL und der Ausdruck hat einen mit INTEGER verträglichen Wert. In diesem Fall erfolgt eine automatische Typanpassung, vergleichbar mit der, die am Ende des Abschnitts 3.3.2. besprochen wurde: Vor der Wertzuweisung wird die INTEGER-Zahl, die als Resultat der Ausdrucksberechnung vorliegt, in eine REAL-Zahl konvertiert.

Eine besondere Form der Ergibtanweisung tritt innerhalb von Funktionsdeklarationen auf. An Stelle einer Variablen steht links vom Wertzuweisungsoperator der Funktionsbezeichner. Diese Ergibtanweisung vermittelt das Funktionsresultat. Jede Funktionsdeklaration muß also mindestens eine solche Anweisung enthalten, die auch abgearbeitet wird.

B e i s p i e l.

```
FUNCTION TAN(X: REAL): REAL;
BEGIN
    TAN := SIN(X)/COS(X)
END;
```

Besondere Beachtung verdienen Ergibtanweisungen, bei denen der Typ der Variablen ein Teilbereichstyp ist.

B e i s p i e l.

```
VAR   I, J : 0..100;
BEGIN
```

```
        ...
        I := J * I;
        ...
    END;
```

Die Typen von linker und rechter Seite sind verträglich. Das kann bei der Übersetzung festgestellt werden. Ein Test, ob die Zuweisung wirklich zulässig ist, kann erst zur Laufzeit erfolgen: Wenn I * J berechnet wurde, muß geprüft werden, ob dieser Wert im Intervall 0 ... 100 liegt. Dieser Test wird vom Compiler "eingebaut". Das heißt, der Programmierer braucht nicht den Ausdruck

```
(0 <= I * J) AND (I * J <= 100)
```

und Konsequenzen aus seinem Wert zu notieren. Zeigt der automatisch eingefügte Test, daß der fragliche Wert nicht in dem zugelassenen Teilbereich liegt, wird das Programm mit einer Fehlermitteilung abgebrochen.

Ein derartiger automatischer Laufzeittest erfolgt auch bei der Vermittlung von Wertparametern in Funktionsaufrufen und Prozeduranweisungen (Abschnitt 3.4.2.), wenn der Typ des Parameters ein Teilbereichstyp ist.

Die Möglichkeit, Teilbereichstypen zu definieren und die Implementation der damit zusammenhängenden Laufzeittests sind ein wesentlicher Vorzug der Sprache PASCAL. Beim Programmieren sollte man stets genau überlegen, in welchen Grenzen sich die Werte der Variablen vom Aufzählungstyp - insbesondere INTEGER-Variablen - bewegen müssen und sie unter Verwendung der entsprechenden Teilbereiche deklarieren. Die durch den Laufzeittest mögliche Fehlererkennung beim ersten "Ausreißer" ist eine sehr große Hilfe für den Programmtest.

### 3.4.2. Prozeduranweisungen

(37) prozeduranweisung

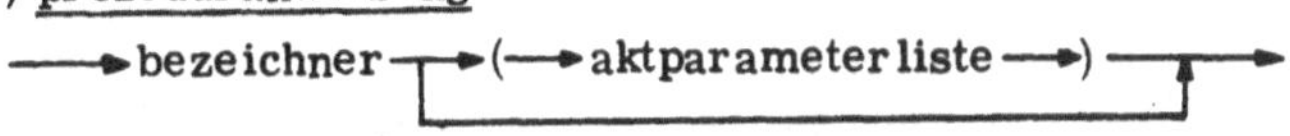

Zwischen der Abarbeitung von Prozeduranweisungen und Funktionsaufrufen (Diagramm (37)) gibt es keine wesentlichen Unterschiede. Man kann zwei (bzw. drei) Etappen erkennen:

1. Parametervermittlung;

2. Abarbeitung der Verbundanweisung des in der Routinendeklaration notierten Blocks;

3. bei Funktionen Übergabe des durch eine Wertzuweisung an den Funktionsbezeichner bereitgestellten Resultats als Faktor zur Weiterführung der Ausdrucksberechnung in der aufrufenden Routine.

Die Punkte 2. und 3. enthalten keine Probleme. Wie bereits in Abschnitt 3.2.2. erwähnt, muß die Liste der aktuellen Parameter (Diagramm (34)) der Formalparameterliste entsprechen. Was heißt das im einzelnen?

1. Die Parameterzahl muß übereinstimmen. Die aktuellen Parameter werden in der Reihenfolge ihrer Notation den formalen Parametern zugeordnet.

2. Entsprechend der Parameterart sind als aktuelle Parameter verschiedene syntaktische Konstruktionen möglich:

- Auf der Position eines Wertparameters ist ein Ausdruck zulässig.

- Auf der Position eines Referenzparameters muß eine Variable angegeben sein.

- Auf der Position einer formalen Routine ist ein Routinenname erforderlich (siehe Abschnitt 3.9.).

3. Typverträglichkeit. Bei Referenzparametern muß der Typ der als aktueller Parameter angegebenen Variablen mit dem Typ des formalen Parameters verträglich sein. Der Wert des auf der Position eines Wertparameters auftretenden Ausdrucks muß aus dem Typ des formalen Parameters sein, oder der formale Parameter ist vom Typ REAL und der aktuelle ist mit INTEGER verträglich. In diesem Fall erfolgt eine automatische Typanpassung, wie sie bereits bei Ausdrücken und Ergibtanweisungen erläutert wurde. Man beachte, daß bei Referenzparametern keine Typanpassung möglich ist!

Der Vorgang der Parametervermittlung für Wert- und Referenzparameter wurde schon auf Seite 35 beschrieben.

### 3.4.3. Auswahl einer von mehreren Anweisungen

In der CASE-Anweisung wird abhängig vom Wert eines Ausdrucks eine von mehreren Anweisungen abgearbeitet.

(38) case-anweisung

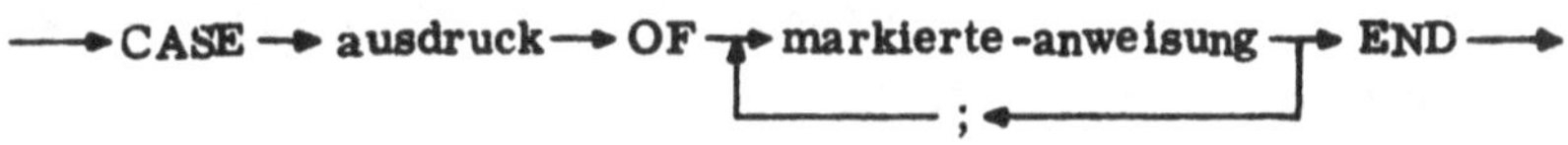


"ausdruck" liefert Wert aus einem Aufzählungstyp.

(39) markierte-anweisung

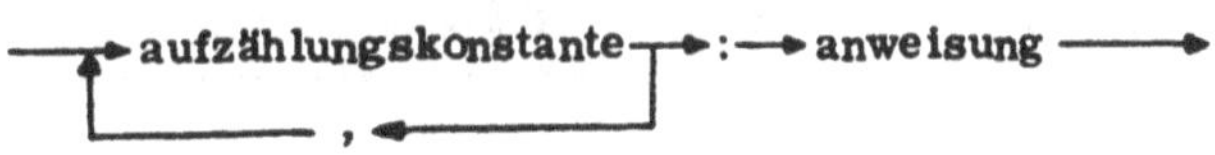


Der Wert eines Ausdrucks und die notierte Konstante innerhalb einer CASE-Anweisung müssen vom Typ her verträglich sein. Die Abarbeitung der CASE-Anweisung vollzieht sich in drei Schritten:

1. Berechnung des Ausdrucks;

2. Auswahl der Anweisung, die mit dem berechneten Wert gekennzeichnet ist,

3. Abarbeitung der ausgewählten Anweisung.

Ist keine Anweisung mit dem errechneten Ausdruckswert markiert, dann ist der Effekt undefiniert. Bei vielen Compilern wird eine Leeranweisung "abgearbeitet", d.h., es passiert nichts.

Progr. 3.7 zeigt ein einfaches Anwendungsbeispiel der CASE-Anweisung. Eine Prozedur erzeugt abhängig von einem Parameter unterschiedliche Fehlerausschriften.

Progr. 3.7 Beispiel: CASE-Anweisung

```
PROCEDURE ERROR(NR: INTEGER);
(*-----------------------*)
  BEGIN
    WRITELN(OUTPUT);
    CASE NR OF
     1: WRITE(' SIGN OR DIGIT');
     2: WRITE(' DIGIT');
     3:
    END (*CASE*);
    WRITELN(' EXPECTED');
    HALT;
  END (* ERROR *) ;
```

Die in Zeile 10 aktivierte Prozedur HALT beendet die Programmabarbeitung. Man beachte, daß entsprechend der Syntax vor dem END der CASE-Anweisung kein Semikolon stehen darf. Im Hinblick auf Erweiterungen der Anweisungsliste ist es günstig, am Ende einen "Blindfall" mit einer Leeranweisung einzuführen.

Wenn der die Auswahl steuernde Ausdruck vom Typ BOOLEAN ist, kann eine IF-Anweisung verwendet werden.

(40) <u>if-anweisung</u>

→ IF → ausdruck → THEN → anweisung → ELSE → anweisung →

"ausdruck" ist vom Typ BOOLEAN.

Falls der Ausdruck den Wert TRUE liefert, wird die auf THEN folgende Anweisung abgearbeitet, anderenfalls die auf ELSE folgende, oder, wenn der ELSE-Zweig fehlt, es geschieht nichts.

Seien A ein Ausdruck vom Typ BOOLEAN und S1 sowie S2 Anweisungen. Dann ist

```
IF A THEN S1 ELSE S2
```

gleichwertig mit

```
CASE A OF TRUE: S1; FALSE: S2 END
```

und

```
IF A THEN S1
```

ist äquivalent zu

```
CASE A OF TRUE: S1; FALSE: END
```

Progr. 3.8 zeigt ein einfaches Anwendungsbeispiel der IF-Anweisung. Sowohl bei der CASE-Anweisung als auch bei der IF-Anweisung sind als Komponentenanweisungen nur einzelne Anweisungen und keine Anweisungsfolgen zugelassen. Muß man aber trotzdem in einem Fall mehrere Anweisungen ausführen, so ist durch Benutzung der "Anweisungsklammer" BEGIN und END eine Verbundanweisung zu benutzen. Im Beispiel geschieht das in den Zeilen 8 bis 10.

Progr. 3.8 Beispiel: IF-Anweisung

```
PROGRAMM QUADRATISCHE (INPUT,OUTPUT);
  VAR
          P,Q,D: REAL;
  BEGIN
    WRITELN('-LOESUNG DER QUADRATISCHEN GLEICHUNG X**2+P*X+Q=0.0');
    READ(P,Q); WRITE('OP==',P,'  Q=',Q);
    D:=SQR(P)*0.25-Q;
    IF D<0.0 THEN WRITELN('    DISKRIMINANTE NEGATIV',D)
    ELSE BEGIN D:=SQRT(D); P:=-P*0.5;
           WRITELN('   X1=',P+D,'   X2=',P-D)
         END
  END  (* QUADRATISCHE *) .
```

A1 und A2 seien Boolesche Ausdrücke, S1 und S2 seien Anweisungen. Die verschachtelte IF-Anweisung

```
IF A1 THEN IF A2 THEN S1 ELSE S2
```

wird interpretiert als

```
IF A1 THEN
 BEGIN
  IF A2 THEN S1 ELSE S2
END
```

Fast alle in den späteren Abschnitten vorgestellten Programmbeispiele enthalten IF-Anweisungen. Charakteristische Beispiele für CASE-Anweisungen sind in den Programmen 3.7 und 5.1 enthalten.

### 3.4.4. Zyklenanweisungen

Beim Programmieren besteht häufig das Problem, eine Anweisung oder eine Anweisungsfolge mehrfach hintereinander abzuarbeiten. Der Abbruch eines derartigen Zyklus kann von Bedingungen abhängen, die in Form Boolescher Ausdrücke formuliert sind. Selbstverständlich müssen in diesen Ausdrücken Variablen auftreten, deren Wert durch die zum Zyklus gehörenden Anweisungen geändert wird! Manchmal ist es sinnvoll, die Abbruchbedingung vor Ausführung der Anweisung auszuwerten. Oft ist es günstig, den Abbruchtest erst hinterher zu machen. Diese Frage ist natürlich nur für den Beginn der zyklischen Arbeit wichtig. Ein besonders einfacher Spezialfall für die Abbruchbedingung liegt vor, wenn man von vornherein die Anzahl der Durchläufe durch den Zyklus kennt. In dieser Situation braucht man nur zu zählen.

PASCAL stellt dem Programmierer für diese unterschiedlichen Umstände drei verschiedene Zyklenanweisungen zur Verfügung:

1. WHILE-Anweisung. Steuerung durch Booleschen Ausdruck, der jeweils vor Ausführung der Komponentenanweisung ausgewertet wird;

2. REPEAT-Anweisung. Steuerung durch Booleschen Ausdruck, der jeweils nach Ausführung der Komponentenanweisungsfolge berechnet wird;

3. FOR-Anweisung. Steuerung durch eine Variable von einem Aufzählungstyp, deren Wert schrittweise (SUCC oder PRED) von einem Anfangswert zu einem Endwert verändert wird.

(41) <u>while-anweisung</u>

→ WHILE → ausdruck → DO → anweisung →

"ausdruck" ist vom Typ BOOLEAN.

Die Komponentenanweisung wird ausgeführt, solange der Ausdruck den Wert TRUE liefert. Insbesondere kann es vorkommen, daß die Komponentenanweisung gar nicht abgearbeitet wird.

(42) <u>repeat-anweisung</u>

→ REPEAT → anweisung → UNTIL → ausdruck →
(Rückführung über ; zu anweisung)

"ausdruck" ist vom Typ BOOLEAN.

Die Komponentenanweisungsfolge wird abgearbeitet, bis der Ausdruck den Wert TRUE liefert. Das heißt, die Komponentenanweisungsfolge wird mindestens einmal ausgeführt.

Als Beispiel zur Anwendung der WHILE-Anweisung betrachten wir die schnelle Berechnung der n-ten Potenz einer REAL-Zahl. Zum Verständnis des Verfahrens stelle man sich den Exponenten N als Dualzahl notiert vor.

Die Division durch 2 bedeutet das Streichen der jeweils letzten Dualziffer. Vorher wurde mit ODD(N) getestet, ob diese letzte Stelle eine 0 oder eine 1 ist und ggf. mit der entsprechenden Potenz von X multipliziert.

```
TYPE NATZAHL = 0 .. MAXINT;
FUNCTION POTENZ(X: REAL; N: NATZAHL): REAL;
 VAR Y: REAL;
 BEGIN Y:= 1.0;
  WHILE N > 0 DO
   BEGIN
    IF ODD(N) THEN Y : = Y*X;
    X := SQR(X); N := N DIV 2;
   END;
  POTENZ := Y;
 END (* POTENZ *)
```

Da hinter DO nur genau eine Anweisung stehen darf, fassen wir die erforderlichen drei Aktivitäten zu einer Verbundanweisung zusammen. Zwei Standardeinsatzfälle der WHILE-Konstruktion werden bei der Behandlung der Eingabe/Ausgabe (Abschnitt 3. 5.) vorgestellt.

Gegeben sei eine REAL-Zahl a. Gesucht ist $\sqrt[3]{a}$. Das ist gleichwertig mit der Aufgabe, die Nullstellen von $y = x^3 - a$ zu bestimmen. Diese Nullstelle läßt sich iterativ berechnen nach der Vorschrift

$$x_{n+1} = \frac{1}{3} \left(2x_n + \frac{a}{x_n^2}\right)$$

(diese Formel ergibt sich unmittelbar aus dem Verfahren von NEWTON). Formuliert man als Abbruchbedingung der Iteration, daß die Differenz aufeinanderfolgender Näherungen kleiner als $10^{-8}$ sein soll, so erhält man:

```
FUNCTION DRITTEWURZEL(A: REAL) : REAL;
CONST EPS = 1E-8;
VAR X0,X1 : REAL;
BEGIN X1 := A;
   REPEAT
   X0 := X1;
   X1 := (2.0 * X0 + A/SQR(X0))/3.0;
   UNTIL ABS(X1-X0) < EPS;
   DRITTEWURZEL := X1;
END (* DRITTE WURZEL *)
```

Da zwischen REPEAT und UNTIL eine Anweisungsfolge stehen darf, benötigen wir hier keine BEGIN-END-Klammerung.

Die Folge $x_0$, $x_1$, $x_2$, ..., $x_n$, ... wird hier allein durch X0 und X1 realisiert.

Wenn man beim Programmieren nicht sofort weiß, ob eine REPEAT- oder eine WHILE-Anweisung genommen werden sollte, dann ist es angebracht, probeweise beide Möglichkeiten zu notieren und erst danach zu entscheiden. Bei derartigen Überlegungen sind die folgenden zwei Äquivalenzen nützlich. A sei ein Ausdruck vom Typ BOOLEAN. S, S1, S2, ..., SN seien Anweisungen.

1. Die Anweisung

```
WHILE A DO S
```

ist gleichbedeutend mit

```
IF A THEN REPEAT S UNTIL A
```

2. Die Anweisung

```
REPEAT S1; S2;...; SN UNTIL A
```

ist äquivalent zu

```
BEGIN
      S1; S2;...; SN;
      WHILE NOT A DO
      BEGIN S1; S2;...; SN END;
END
```

(43) <u>for-anweisung</u>

```
——→ FOR—→bezeichner—→:=—→ausdruck┬→TO ┬→ausdruck—→DO—→anweisung——→
                                 └→DOWNTO┘
```

"bezeichner" ist Name einer Variablen von einem Aufzählungstyp.

Die nach FOR notierte Variable nennt man Laufvariable. Die Ausdrücke müssen Werte aus dem Typ der Laufvariablen liefern. Beide Ausdrücke werden einmalig am Beginn der Ausführung der FOR-Anweisung berechnet. Sie liefern den Anfangs- und den Endwert für die Laufvariable. Der Laufvariablen werden schrittweise die Werte vom Anfangs- bis zum Endwert erteilt. In jedem Schritt wird die Komponentenanweisung genau einmal abgearbeitet. Als neuer Wert der Laufvariablen wird jeweils entweder der Nachfolger (FOR-TO-DO) oder der Vorgänger (FOR-DOWNTO-DO) des alten Wertes benutzt.

Die Anweisung

```
FOR V := A1  TO A2 DO S
```

ist äquivalent zu

```
BEGIN
V := A1; HILF := A2;
WHILE V  <=  HILF DO
         BEGIN S;  V:= SUCC(V) END;
END
```

und die Anweisung

```
FOR V := A1  DOWNTO A2 DO S
```

ist äquivalent zu

```
BEGIN
V := A1;  HILF := A2;
WHILE  V >=  HILF DO
         BEGIN  S;  V := PRED(V) END;
END
```

wobei HILF eine Hilfsvariable vom gleichen Typ wie die Laufvariable V ist, die nirgendwo anders im Programm vorkommt.

Wichtig sind folgende zwei Festlegungen über die Laufvariable:

1. Die Laufvariable muß lokal zu dem kleinsten die FOR-Anweisung enthaltenden Block deklariert sein.

2. Der Wert der Laufvariablen ist am Ende der Ausführung der FOR-Anweisung undefiniert.

Punkt 2. besagt, daß man nicht weiß, welchen Wert die INTEGER-Variable I nach Ausführung der Anweisung

```
FOR I := 1 TO 20 DO SUMME := SUMME + I
```

hat! Insbesondere darf man nicht unter Berufung auf die oben angegebene Äquivalenz annehmen, daß I am Ende unseres Beispiels den Wert 21 hat.

Man mache sich klar, daß in dem Programmfragment

```
VAR  I, J, K: INTEGER;
...
K := 17; J := 12;
FOR I := J TO K DO K := K + I * J;
...
```

die Anweisung K := K + I * J genau sechsmal abgearbeitet wird. Ein Beispiel für eine nichtnumerische Laufvariable ist in Progr. 3.5 enthalten. Dort haben wir:

```
VAR  CH: CHAR;
...
FOR CH := ':' TO ';' DO BEGIN ... END
```

## 3.5. Eingabe/Ausgabe-Operationen

Grundlage von Eingabe- und Ausgabeoperationen in PASCAL sind Files.

(44) file-typ

⟶ FILE ⟶ OF ⟶ typ ⟶

"typ" darf kein Filetyp und kein strukturierter Typ sein, der auf irgendeiner Verschachtelungsstufe einen Filetyp als Komponente enthält.

Den hinter OF notierten Typ bezeichnet man als Grund- oder Basistyp des Filetyps. Aus der Sicht des PASCAL-Typkonzepts beschreibt ein Filetyp

FILE OF T

die Wortmenge $T^*$ über T, d.h. die Menge aller Folgen von Elementen des Typ T einschließlich der leeren Folge. Aus der Betriebssystemsicht handelt es sich bei einer Variablen

VAR F: FILE OF T;

um eine sequentiell organisierte Datenmenge.

Ausgehend von dieser zweiten Betrachtungsweise erscheint es verständlich, daß in der Sprache PASCAL keine Möglichkeiten vorgesehen werden, mit einem File als Ganzes zu operieren. Man kann stets nur mit der sogenannten aktuellen Fileposition - das ist ein Element der das File darstellenden Folge - arbeiten und die Filepositionen schrittweise "verschieben" bzw. auf den Fileanfang setzen.

Für Bezugnahmen auf die aktuelle Fileposition wird mit der Deklaration einer Filevariablen

VAR X: FILE OF T;

automatisch eine Puffervariable vom Grundtyp des Files - in unserem Fall also vom Typ T - eingeführt. Man notiert die Puffervariable durch den Filenamen mit nachgestelltem Spezialsymbol @ , für das Beispiel: X @.

(45) file-puffer

⟶ variable ⟶ @ ⟶

"variable" ist eine Filevariable.

In Zukunft nennen wir Filevariablen kurz Files.

### 3. 5. 1. Definition der elementaren Standardroutinen für Files

Wir führen folgende Notation ein:

1. $\varepsilon$ kennzeichnet die leere Sequenz.

2. ⟨x0⟩ bezeichnet die aus der einzelnen Komponente x0 bestehende Sequenz (einelementige Sequenz).

3. Seien X = ⟨x0 x1 ... xm⟩ und Y = ⟨y0 y1 ... yn⟩ Sequenzen, dann ist

$$X \,\&\, Y \underset{\text{Def.}}{=} \langle x0 \ldots xm\ y0 \ldots yn \rangle$$

die Verkettung von X und Y.

4. Bei einer nichtleeren Sequenz X = ⟨x0 x1 ... xm⟩ bezeichnet

$$\text{first}(X) \underset{\text{Def.}}{=} x0$$

das erste Element von X.

5. Bei einer nichtleeren Sequenz X = ⟨x0 x1 ... xm⟩ bezeichnet

$$\text{rest}(X) \underset{\text{Def.}}{=} \langle x1\ x2 \ldots xm \rangle$$

die Sequenz ohne ihr erstes Element.

Folglich gilt für jede nichtleere Sequenz X

$$\langle \text{first}(X) \rangle \,\&\, \text{rest}(X) = X.$$

In PASCAL werden zwei Zustände eines Files strikt unterschieden:

1. Schreibzustand,
2. Lesezustand.

Veränderungen am Wert eines Files sind nur auf zwei Arten möglich:

1. Vollständiges Löschen,
2. Anfügen eines Elements am Ende des Files.

Im Rahmen der folgenden Definition werden induktiv die Teile $X\mathcal{L}$ und $X\mathcal{R}$ eines Files X so eingeführt, daß stets gilt

$$X\mathcal{L} \,\&\, X\mathcal{R} = x$$

und first($X\mathcal{R}$) die aktuelle Fileposition ist.

Sei X ein File

VAR X: FILE OF T;

Wir definieren die Wirkung der fünf PASCAL-Standardroutinen durch PASCAL-ähnliche Programmfragmente:

1. Erstellen des leeren Files (Löschen eines Files)

REWRITE (X) $X := \varepsilon$ ; $X\mathcal{L} := \varepsilon$ ; $X\mathcal{R} := \varepsilon$

Initialisiert den Schreibzustand.

2. Ausdehnen eines Files

```
PUT (X)          IF  X𝔯 = ε THEN
                 BEGIN
                   X := X & ⟨ X@⟩;
                   X𝔴 := X;
                 END
                 ELSE FEHLER (1)
```

B e m e r k u n g . Nach PUT(X) ist der Wert von X@ undefiniert.

3. Initialisierung des Lesens

```
RESET (X)        X𝔴 := ε ; X𝔯 := X;
                 IF X ⟨ ⟩ε THEN
                 X@  := first(X)
```

4. Im Lesezustand Fortschreiten zur nächsten Komponente

```
GET (X)          IF X𝔯⟨⟩ε THEN
                 BEGIN
                 X𝔴 := X𝔴 & ⟨ first(X𝔯)⟩ ;
                 X𝔯 := rest(X𝔯);
                 IF X𝔯 ⟨ ⟩ε THEN
                 X@  := first(X𝔯);
                 END
                 ELSE FEHLER (2)
```

5. Fileendeerkennung. Standardfunktion mit Resultat vom Typ BOOLEAN

```
                              ⎧TRUE,  falls   X𝔯 = ε,
EOF (X)          EOF(X)  =    ⎩FALSE  sonst.
```

Die zwei Aufrufe der fiktiven Prozedur Fehler führen zu Mitteilungen der Art

1. PUT WITHOUT EOF
2. TRIED TO READ PAST EOF.

Als Regeln merke man sich

1. PUT(X) ist nur zulässig, wenn EOF(X) den Wert TRUE hat.
2. GET(X) ist nur zulässig, wenn EOF(X) den Wert FALSE hat.

Für die folgenden kleinen Beispiele definieren wir:

```
TYPE INTFILE = FILE OF INTEGER;
```

Rechnerintern handelt es sich bei einem nichtleeren File um eine Folge von Festkommazahlen entsprechend der INTEGER-Zahldarstellung.

Beispiel. Es soll ein File generiert werden, dessen i-te Komponente den Wert $i^2$ besitzt und das alle Quadratzahlen enthält, die kleiner als eine vorgegebene Zahl N sind.

```
PROCEDURE QFILE(VAR F: INTFILE; N: INTEGER);
    VAR A, Q: INTEGER;
    BEGIN REWRITE(F);
    A := 1; Q := 1;
    WHILE Q < N DO
        BEGIN F@ := Q; PUT(F);
         A := A+2; Q := Q + A
        END;
    END (* QFILE *);
```

In einer zweiten Routine wollen wir einfach die Anzahl der vorhandenen Filekomponenten zählen.

```
FUNCTION ANZAHL(VAR R: INTFILE): INTEGER;
    VAR I: INTEGER;
        BEGIN RESET(F);
         I := 0;
         WHILE NOT EOF(F) DO
              BEGIN I := I+1; GET(F) END;
         ANZAHL := I;
        END (* ANZAHL *);
```

Beide Beispiele zeigen den Grundaufbau von Programmteilen, in denen mit sequentiellen Files gearbeitet wird.

Insbesondere die Anweisungsfolge

```
RESET(F);
WHILE NOT EOF(F) DO
  BEGIN
   (* Verarbeitung von F@ *);
   GET(F);
  END;
```

ist typisch für die Inspektion eines Files in PASCAL.

Wenn ein File bis zu seinem Ende gelesen wurde, so ist i.allg. der sofortige Übergang in den Zustand des Schreibens möglich, d.h., man kann dann Komponenten anfügen. Die folgende Prozedur fügt an ein File eine Komponente an. Der Wert dieser Komponente ist gleich der ursprünglichen Filelänge.

```
PROCEDURE ANHAENGEN(VAR F: INTFILE);
  VAR I: INTEGER;
  BEGIN RESET(F);
        I := 0;
        WHILE NOT EOF(F) DO
              BEGIN I := I+1; GET(F) END;
        F@ := I; PUT(F);
  END (* ANHAENGEN *) ;
```

B e m e r k u n g . Filetypen können nur bei Referenzparametern und nicht bei Wertparametern auftreten. (Der fortgeschrittene Leser überlege sich die Gründe dieser Festlegung!)

Als Abkürzungen sind für beliebige Files folgende zwei Standardprozeduren definiert:

```
WRITE(F,A)           F@ := A;  PUT(F)
READ(F,X)            X := F@ ; GET(F)
```

Hierbei sind F eine Filevariable, A ein Ausdruck, der einen Wert aus dem Grundtyp von F liefert und X eine Variable vom Grundtyp des Files F.

Ü b u n g s a u f g a b e n

1. Man benutze in den obigen drei Beispielen WRITE und READ.
2. Es ist eine

```
PROCEDURE COPY(VAR F1, F2 : INTFILE)
```

zu schreiben, die den Inhalt von F1 auf F2 kopiert. Eine Ergibtanweisung F2 := F1 ist nicht definiert!

3. Man erstelle durch entsprechendes "Mischen" aus zwei aufsteigend sortierten Files vom Typ INTFILE ein neues sortiertes File des gleichen Typs, das alle Komponenten der Eingabefiles enthält.

### 3.5.2. Textfiles

In PASCAL gibt es einen Standardfiletyp TEXT. Variablen vom Typ TEXT nennt man Textfiles. Die Komponenten von Textfiles sind Zeichen (d.h. Grundtyp CHAR). Gegenüber einem gewöhnlichen

```
FILE OF CHAR
```

hat ein Textfile folgende Besonderheiten:

1. Textfiles haben eine Zeilenstruktur.

Als implementationsunabhängiges Denkmodell stelle man sich als Grundtyp von Textfiles den um ein dem Programmierer nicht direkt zugängliches Zeilenendezeichen erweiterten Typ CHAR vor.

2. Es existieren drei zusätzliche Standardroutinen:

EOLN(F) - eine BOOLEAN-wertige Funktion; liefert den Wert TRUE, wenn das Textfile F im Lesezustand ist und sich die aktuelle Fileposition auf einem Zeilenendekennzeichen befindet;

WRITELN(F) - erzeugt ein Zeilenende;

READLN (F) - stellt die aktuelle Fileposition auf den Anfang der nächsten Zeile, d.h., READLN(F) ist äquivalent zu

```
BEGIN
    WHILE NOT EOLN(F) DO GET(F);
    GET(F);
END
```

3. WRITE, WRITELN, READ und READLN erlauben eine beliebige Parameterzahl. Darüber hinaus kann man mit ihrer Hilfe nicht nur einzelne Zeichen bearbeiten, sondern auf Grund von Datenkonvertierungsoperationen ist es mög-

lich, auch gemäß der Diagramme (3) und (4) aufgebaute Zahlen einzulesen sowie Zahlen und Zeichenketten auszugeben.

In jedem Programm können zwei Standardfiles, die formal als

VAR INPUT, OUTPUT: TEXT;

vordefiniert sind, benutzt werden. RESET(INPUT) und REWRITE(OUTPUT) werden automatisch beim Programmstart abgearbeitet und dürfen nicht programmiert werden. Die Arbeitsmöglichkeiten mit diesen Files sind eingeschränkt: Von INPUT kann man nur lesen, auf OUTPUT nur schreiben.

Wichtige Bemerkungen

1. Das Zeilenendekennzeichen ist dem Programmierer nicht direkt zugänglich. Man erzeugt es durch Aufruf der Prozedur WRITELN. Beim Lesen eines Files stellt man es dadurch fest, daß das Prädikat EOLN(F) den Wert TRUE hat. In dieser Situation steht im Filepuffer F@ per definitionem ein Leerzeichen! Das hat eine unschöne Konsequenz: Beim Einlesen von Lochkarten erscheint nach jeder Karte im Filepuffer ein zusätzliches Leerzeichen. Wenn man also bei der Eingabe stets bis 80 zählt und kein READLN abarbeitet und auch nicht durch ein zusätzliches GET dieses Leerzeichen überliest, dann wird das Programm nicht korrekt arbeiten. Ein Beispiel mit dem für diesen Fehler typischen "Schräglauf" im Druckbild zeigt Progr. 3.9. Auf jeder eingelesenen Karte standen jeweils zwei Buchstaben, ein Leerzeichen, zwei Buchstaben usw. Auf jeder Karte kam genau ein Buchstabe vor.

Progr. 3.9 Zeilenendefehler

```
152 PROGRAM ZEILENFEHLER (INPUT,OUTPUT);
152 (******************************)
152   VAR I,J: INTEGER; CH: CHAR;
164   BEGIN
  3     FOR I:=1 TO 10 DO
 12       BEGIN WRITE(' ');
 16         FOR J:=1 TO 80 DO
 24           BEGIN READ(CH); WRITE(CH) END;
 35         WRITELN(OUTPUT);
 37       END;
 41   END (* ZEILENFEHLER *) .
```

```
SUCCESSFUL COMPILATION
AA AA AA AA AA AA AA AA AA AA AA AA AA AA AA          A AA AA AA
 BB BB BB BB BB BB BB BB BB BB BB BB BB BB :          BB BB BB B
B CC CC CC CC CC CC CC CC CC CC CC CC CC CC           ; CC CC CC
CC DD DD DD DD DD DD DD DD DD DD DD DD DD            DD DD DD DD
 DD EE EE EE EE EE EE EE EE EE EE EE EE EI          E EE EE EE E
E EE FF FF FF FF FF FF FF FF FF FF FF FF             FF FF FF FF
FF FF GG GG GG GG GG GG GG GG GG GG GG GC          :G GG GG GG GG
 GG GG HH HH HH HH HH HH HH HH HH HH HH             HH HH HH HH H
H HH HH II II II II II II II II II II :            .I II II II II
II II II JJ JJ JJ JJ JJ JJ JJ JJ JJ JJ              JJ JJ JJ JJ JJ
```

Der Fehler kann durch Einfügen einer Anweisung READLN(INPUT) zwischen den Zeilen 8 und 9 behoben werden.

2. Nach der letzten Zeile eines Files steht immer ein Zeilenendekennzeichen. Die Konsequenz hieraus ist, daß EOF(F) nicht nach dem letzten "echten" Zeichen des Textfiles F erkannt wird sondern erst nach dem zusätzlichen Zeilenendekennzeichen.

Das folgende Programmbeispiel demonstriert das Kopieren des Files INPUT auf das File OUTPUT unter Beachtung und Beibehaltung der Zeilenstruktur. Es ist als abwandlungsfähiges Musterprogramm für die Arbeit mit Textfiles zu betrachten.

```
PROGRAM COPYTEXT (INPUT, OUTPUT);
   VAR CH: CHAR;
   BEGIN
         WHILE NOT EOF(INPUT) DO
               BEGIN
                     WHILE NOT EOLN(INPUT) DO
                        BEGIN READ(CH); WRITE(CH) END;
                     WRITELN(OUTPUT);
                     READLN(INPUT);
               END;
END (* COPY TEXT *).
```

Selbstverständlich müssen für andere Files als INPUT und OUTPUT am Anfang die entsprechenden Operationen RESET bzw. REWRITE programmiert werden.

Für Textfiles hat die READ-Prozeduranweisung entweder die Gestalt

READ(F, U1, ...., UN)

oder

READ(U1, ..., UN).

Hierbei ist F ein Textfile, und U1, ..., UN sind Variablen, deren Typ verträglich mit INTEGER oder CHAR bzw. REAL ist. Die Anweisung

READ(U1, ..., UN)

ist äquivalent zu

READ(INPUT, U1, ..., UN).

Die Anweisung

READ(F, U1, ..., UN)

ist äquivalent zu

```
BEGIN
    READ(F, U1); ...; READ(F, UN);
END.
```

Von der Möglichkeit, den Filenamen INPUT wegzulassen, machen wir in den Beispielen ständig Gebrauch.
Zu definieren bleibt die Wirkung von READ(F, U) für die drei möglichen Typen von U:

1. CHAR. In diesem Fall gilt die auf Seite 73 angegebene Definition:

   U := F@; GET (F) .

2. INTEGER. Abarbeitung von

   READSIGNEDINTEGER(U).

   Progr. 3.10 zeigt die Deklaration dieser Prozedur. Die im Fehlerfall aktivierte Prozedur ERROR könnte die in Progr. 3.7 gezeigte sein.

Progr. 3.10 INTEGER-Eingabe von Textfiles

```
PROCEDURE READSIGNEDINTEGER(VAR WERT: INTEGER);
(*---------------------------------------------*)
  VAR I: INTEGER; NEGATIV: BOOLEAN;
  BEGIN
    WHILE INPUT@=' ' DO GET(INPUT);
    IF ((INPUT@<'0')OR(INPUT@>'9'))
        AND (INPUT@<>'+')
        AND (INPUT@<>'-')
    THEN ERROR (1);
    IF (INPUT@='+')OR(INPUT@=',') THEN
      BEGIN NEGATIV:=INPUT ='-'; GET(INPUT) END
    ELSE NEGATIV:=FALSE;
    IF (INPUT@<'0')OR(INPUT@>'9') THEN ERROR (2);
    I:=0;
    REPEAT
      I:=I*10+(ORD(INPUT@)-ORD('0'));
      GET(INPUT);
    UNTIL (INPUT@<'0')OR(INPUT@<'9');
    IF NEGATIV THEN WERT:=-I ELSE WERT:=I;
  END (* READSIGNEDINTEGER *) ;
```

3. REAL. Analog zu Punkt 2. werden zunächst Leerzeichen (und damit auch Zeilenenden) überlesen, danach akzeptiert man ggf. ein Vorzeichen und berechnet eine gemäß Diagramm (4) aufgebaute reelle Zahl.

Während in Punkt 1. genau ein Zeichen eingelesen wird, ist die Anzahl der bei der Eingabe einer Zahl "verbrauchten" Zeichen nicht voraussagbar. Fest steht nur, daß der Filepuffer nach der Zahleingabe das erste auf die Zahl folgende Zeichen enthält.

Mit READ(F, U) für INTEGER- und REAL-Variablen U verfügt man in PASCAL über die Möglichkeit zur formatfreien Zahleingabe: Die Werte müssen nicht auf bestimmten Kartenpositionen stehen.

Vom Leerzeichen verschiedene Trennzeichen zwischen den Zahlen (etwa ein Komma) werden nicht überlesen. Am Ende einer Zeile wird stets das Ende einer Zahl erkannt, da im Filepuffer ein Leerzeichen erscheint.

Wir betrachten folgende Aufgabe: Eine auf Lochkarten vorliegende Menge ganzer Zahlen soll eingelesen werden. Man drucke den Mittelwert dieser Zahlen. (Für die folgende Diskussion ist nur das Einlesen von Interesse, die Verarbeitung der Werte bringt keine Probleme.)

```
PROGRAM MITTEL (INPUT, OUTPUT);
   VAR I, N, SUM: INTEGER;
   BEGIN N := 0; SUM := 0;
      WHILE NOT EOF(INPUT) DO
         BEGIN READ(I);
            N := N+1; SUM := SUM + I
         END;
      IF N > 0 THEN WRITELN(SUM/N);
   END (* MITTEL *).
```

Wir setzen voraus, daß die Daten auf den Karten fehlerfrei sind. Das Programm "funktioniert" nur, wenn das Eingabefile INPUT leer ist. Wenn wirklich Karten vorliegen, dann tritt der Laufzeitfehler 'TRIED TO READ PAST EOF' auf. Unmittelbar nach dem Lesen der letzten Zahl steht in INPUT ein Leerzeichen. Entweder ist dieses Zeichen wirklich auf einer Karte vorhanden, oder es rührt von einem Zeilenendekennzeichen - möglicherweise von dem nach der letzten

Karte - her. In jedem Fall gilt EOF(INPUT) = FALSE (vgl. Bemerkung 2 auf Seite 76). Demzufolge wird erneut READ(I) abgearbeitet, und das führt in Zeile 4 von Progr. 3.10 zum Fehlerabbruch.

Wie kann man das Problem lösen? Eine Möglichkeit besteht darin, daß man nach jedem READ(I) das Suchen des Anfangs der nächsten Zahl explizit programmiert und dabei nach Zeilenende auf das Fileende achtet. Nach Zeile 4 wäre etwa einzufügen:

```
REPEAT
   WHILE (INPUT@= ' ' ) AND NOT EOLN(INPUT) DO GET(INPUT);
   READLN(INPUT);
UNTIL (INPUT@<>' ') OR EOF(INPUT);
```

Einfacher ist es, wenn man weiß, wieviele Zahlen auf jeder Karte stehen. Wenn bekannt ist, daß auf jeder Karte genau eine Zahl steht, dann braucht man nach Zeile 4 nur einzufügen

```
READLN(INPUT).
```

Übungsaufgabe. Man ändere das Programm MITTEL so ab, daß es Karten verarbeitet, bei denen jeweils vor den eigentlichen Daten noch abgelocht ist, wieviele Zahlen auf der jeweiligen Karte stehen.

Die READLN-Anweisung kann mit Parameterlisten beliebiger Länge notiert werden.

```
READLN(F, ..., UN)
```

ist äquivalent zu

```
BEGIN
   READ(F, U1, ..., UN);
   READLN(F);
END ,
```

und

```
READLN (U1, ..., UN)
```

ist äquivalent zu

```
READLN(INPUT, U1, ..., UN).
```

Hierbei ist F ein Textfile, und U1, ..., UN sind Variablen, deren Typ verträglich mit INTEGER oder CHAR bzw. REAL ist.
Für Textfiles hat die WRITE-Anweisung entweder die Gestalt

```
WRITE(F, WP1, ..., WPN)
```

oder

```
WRITE(WP1, ..., WPN).
```

Analog kann die WRITELN-Anweisung als

```
WRITELN(F, WP1, ..., WPN)
```

und

```
WRITELN(WP1, ..., WPN)
```

auftreten. Dabei ist F ein Textfile. Bei WP1 bis WPN handelt es sich um sogenannte WRITE-Parameter. Vor ihrer Erläuterung stellen wir noch die Äquivalenzen für WRITE- und WRITELN-Anweisungen zusammen.
Die Anweisung

```
WRITE(WP1, ..., WPN)
```

ist äquivalent zu

```
WRITE(OUTPUT, WP1, ..., WPN) ,
```

und

```
WRITELN(WP1, ..., WPN)
```

ist äquivalent zu

```
WRITELN(OUTPUT, WP1, ..., WPN).
```

Ferner wird

```
WRITELN(F, WP1, ..., WPN)
```

abgearbeitet als

```
BEGIN
  WRITE(F, WP1, ..., WPN);
  WRITELN(F);
END ,
```

und

```
WRITE(F, WP1, ..., WPN)
```

ist zu verstehen wie

```
BEGIN
  WRITE(F, WP1); ...; WRITE(F, WPN)
END.
```

Ein WRITE-Parameter hat folgende Gestalt

(45) write-parameter

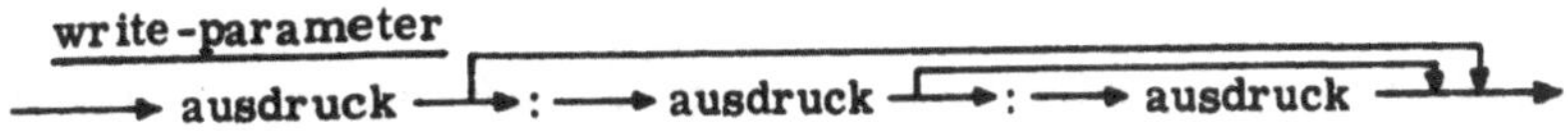


Der erste Ausdruck beschreibt den auszugebenden Wert. Er kann vom Typ INTEGER, REAL, BOOLEAN oder CHAR sein.
Außerdem sind Zeichenketten und Variablen vom Typ

ARRAY [ ... ] OF CHAR

(siehe Abschnitt 3. 6. 2.) zulässig. Die beiden folgenden Ausdrücke müssen Werte vom Typ INTEGER haben. Mit ihrer Hilfe wird das Ausgabeformat beschrieben. In WRITE-Parametern der Form

A:L1

oder

A:L1:L2

gibt L1 an, wieviele Zeichen geschrieben werden sollen.
Benötigt der auszugebende Wert weniger als L1 Zeichen, dann wird ihm eine entsprechende Anzahl von Leerzeichen vorangestellt. Was geschieht, wenn der auszugebende Wert mehr als L1 Zeichen beansprucht, ist implementationsabhängig. Im allgemeinen wird der Wert "vollständig" ausgegeben. Als Begründung dafür mag gelten, daß auf diese Weise zwar das geplante Druckbild zerstört wird, aber keine Information verlorengeht. Außerdem können bei dieser Lösung Zahlen problemlos linksbündig geschrieben werden, indem man für L1 einfach den Wert 1 notiert. (In den Zeilen 36 und 37 von Progr. 2. 2 wurde davon Gebrauch gemacht.) Fehlt die Angabe L1, dann werden implementationsspezifische Standardannahmen getroffen. Üblich sind die Festlegungen in folgender Tabelle:

| Typ von A | Standardwert für L1 |
|---|---|
| INTEGER | 10 |
| REAL | 20 |
| BOOLEAN | 5 |
| CHAR | 1 |
| ARRAY [ ... ] OF CHAR | echte Länge |

Die Form

A:L1:L2

des WRITE-Parameters ist nur für die Ausgabe von REAL-Werten zulässig (s. Bemerkung 3).

Bemerkungen

1. Ist A vom Typ CHAR oder ARRAY[ ... ] OF CHAR, dann wird der Wert von A geschrieben.

Beispiel. WRITE ('|', 'KORN' :9, '|') liefert |     KORN|

2. Ist A vom Typ INTEGER, so wird eine Dezimaldarstellung der Zahl geschrieben. Die Zahl hat keine führenden Nullen. Ein notwendiges negatives Vorzeichen steht unmittelbar vor der ersten Ziffer. Das Vorzeichen + wird nicht geschrieben.

Beispiel. WRITE ('|', - 1234:9, '|' ) liefert |     -1234|.

3. Ist A vom Typ REAL und der WRITE-Parameter lautet

A:L1:L2,

so wird eine dezimale Festpunktdarstellung mit L2 Stellen hinter dem Dezimalpunkt geschrieben.

Beispiel. WRITE ('|', - 1E-2:9:3, '|') liefert |   - 0.010|.

4. Ist A vom Typ REAL und der WRITE-Parameter lautet

A:L1 ,

dann wird eine dezimale Gleitpunktdarstellung, bestehend aus einer Mantisse und einem Skalierungsfaktor, geschrieben. Bedingungen über die Mantisse und den Skalierungsfaktor sind implementationsabhängig. Üblich für von 0.0 verschiedene Zahlen:

a) 1.0 <= ABS(Mantisse) < 10.0 .

b) Der Skalierungsfaktor besteht aus dem Buchstaben E, einem Vorzeichen und zwei Dezimalziffern.

Beispiel. WRITE ('|', - 1/4:9, '|') liefert | -2.5E-02|.

5. Ist A vom Typ BOOLEAN, dann ist

WRITE(F, A:L1)

äquivalent zu

IF A THEN WRITE(F, ' TRUE ': L1)

ELSE WRITE(F, ' FALSE':L1) .

Beispiel. WRITE ('|', 17 > 3 :9, '|' ) liefert
TRUE |.

Einem Vorschlag von WIRTH im "Revidierten Bericht über die Programmiersprache PASCAL" [7] folgend, wird i. allg. bei der Ausgabe von Textfiles das erste Zeichen jeder Zeile als Steuerzeichen verwendet. Die Bedeutung der Steuerzeichen ist folgender Tabelle zu entnehmen.

| Steuerzeichen | Wirkung beim Drucken |
|---|---|
| ' ' | einzeiliger Vorschub |
| '0' | zweizeiliger Vorschub |
| '-' | dreizeiliger Vorschub |
| '+' | kein Vorschub |
| '1' | Übergang zum Anfang der nächsten Seite |

Treten auf der Position des Steuerzeichens andere Zeichen auf, so bewirken sie i. allg. einen einzeiligen Vorschub.

Auf häufig beobachtete Anfängerfehler eingehend, bemerken wir:

1. Unabhängig davon, ob der Programmierer bewußt ein Steuerzeichen gesetzt hat oder nicht, wird das erste Zeichen jeder Zeile als Steuerzeichen benutzt. Es erscheint im Druckbild nicht als Zeichen, sondern nur durch seine Wirkung.

2. Da die Drucker und Bildschirme eine begrenzte Zeilenlänge l haben, ergibt sich ein Problem: Was geschieht, wenn ein Programm hintereinander mehr als l Zeichen ausgibt, ohne zwischendurch WRITELN abzuarbeiten? Wenn die Zeile voll ist, dann erfolgt automatisch der Übergang zur nächsten Zeile und das (l+1)-te Zeichen wird als Steuerzeichen für diese neue Zeile benutzt. Die Werte für l sind implementationsabhängig und geräteabhängig. Man sollte also nicht durch Zählen von diesem automatischen Zeilenübergang Gebrauch machen, sondern WRITELN verwenden. Das hat den Vorteil, daß selbst bei kürzeren physischen Zeilen (etwa auf Bildschirmen) die programmierten Zeilenenden für eine definierte Gestaltung der Ausgabetexte sorgen.

Ein sehr instruktives Beispiel für die Textfileausgabe ist das Programm zur Erzeugung einer Tabelle und eines Graphen der Funktion SIN(X) (Progr. 3.11). Beim Durcharbeiten achte man bewußt auf die Arbeit mit den Steuerzeichen.

Progr. 3.11 Tabelle und Graph der Sinusfunktion

```
 0      152 PROGRAM SINUS (INPUT,OUTPUT);
 1      152
 2      152 VAR
 3      152           XA,XE,S,X,H:REAL;
 4      172           I,POS: INTEGER;
 5      180
 6      180 BEGIN
 7        3   WRITELN('1TABELLE UND GRAPH SIN(X)');
 8       11   READ(XA,XE,S);
 9       20   WRITELN('OANFANGSWERT='.XA:13,
10       29           '     ENDWERT=',XE:13,
11       38                 SCHRITTWEITE=',S:13);
12       49   IF (XA>XE) OR (S<=0.0)
13       55   THEN WRITELN('-FALSCHE EINGABE')
14       64   ELSE
15       65     BEGIN
16       65       WRITELN('0','X':6,'!':7,'SIN(X)':9,'!':4);
17       88       WRITE(' '); FOR I:=1 TO 78  DO WRITE('-');
18      108       WRITELN(OUTPUT);
19      110       WRITELN('+','!':13,'!':13,'!':27);
20      128       FOR I:=0 TO TRUNC((XE-XA)/S+0.5) DO
21      143         BEGIN X:=XA+L*S; H:=SIN(X);
22      153         IF H>=0.0
23      154         THEN POS:=TRUNC(25.0*H+0.5)
24      163         ELSE POS:=TRUNC(25.0*H-0.5);
25      172         WRITELN(' ',X:11,  ' !', H:11, ' !', '*': 27+POS);
26      202           WRITELN('+','!':53)
27      212         END
28      212     END
29      216 END.
```

Wie könnte man die Zeilen 24 und 25 abändern, um das zweimalige Drucken auf dieselbe Zeile (Steuerzeichen '+' in Zeile 25) zu vermeiden?

Abb. 3.12 zeigt einen Ergebnisdruck des Programms SINUS für die Eingabewerte 0.0, 6.28 und 0.2.

```
TABELLE UND GRAPH SIN(X)

ANFANGSWERT=               0 ENDWERT=  6.28000E+00   SCHRITTWEITE=  2.00000E-01

      X     !   SIN(X)   !
------------+------------+-------------------------+-------------------------
          0 !          0 !                         *
  2.000E-01 !  1.987E-01 !                         !    *
  4.000E-01 !  3.984E-01 !                         !         *
  6.000E-01 !  5.646E-01 !                         !             *
  8.000E-01 !  7.174E-01 !                         !                 *
  1.000E+00 !  8.415E-01 !                         !                    *
  1.200E+00 !  9.320E-01 !                         !                      *
  1.400E+00 !  9.854E-01 !                         !                        *
  1.600E+00 !  9.996E-01 !                         !                        *
  1.800E+00 !  9.738E-01 !                         !                       *
  2.000E+00 !  9.093E-01 !                         !                      *
  2.200E+00 !  8.085E-01 !                         !                   *
  2.400E+00 !  6.755E-01 !                         !                *
  2.600E+00 !  5.155E-01 !                         !            *
  2.800E+00 !  3.350E-01 !                         !       *
  3.000E+00 !  1.411E-01 !                         !   *
  3.200E+00 ! -5.837E-02 !                        *!
  3.400E+00 ! -2.555E-01 !                   *     !
  3.600E+00 ! -4.425E-01 !              *          !
  3.800E+00 ! -6.119E-01 !          *              !
  4.000E+00 ! -7.568E-01 !      *                  !
  4.200E+00 ! -8.716E-01 !   *                     !
  4.400E+00 ! -9.516E-01 ! *                       !
  4.600E+00 ! -9.937E-01 !*                        !
  4.800E+00 ! -9.962E-01 !*                        !
  5.000E+00 ! -9.589E-01 ! *                       !
  5.200E+00 ! -8.835E-01 !   *                     !
  5.400E+00 ! -7.728E-01 !      *                  !
  5.600E+00 ! -6.313E-01 !         *               !
  5.800E+00 ! -4.646E-01 !             *           !
  6.000E+00 ! -2.794E-01 !                  *      !
  6.200E+00 ! -8.309E-02 !                       * !
```

Abb. 3.12 Druckerprotokoll Programm SINUS

Für Textfiles F gibt es die zusätzliche Prozedur PAGE(F). Sie ist äquivalent zu

```
BEGIN WRITELN(F);
  WRITELN(F, '1');
END.
```

Das heißt, PAGE(F) bewirkt einen Seitenvorschub beim Drucken des Files F. Die Abkürzung

```
PAGE
```

steht für

```
PAGE(OUTPUT).
```

Als abschließendes Beispiel betrachten wir eine Aufgabe, deren Inhalt bei der rechnergestützten Drucksatzerstellung eine Rolle spielt. Man lese Zeichen ein und gebe für jede Zeile eine Strukturbeschreibung aus, die für jedes gelesene Zeichen eine Kennung entsprechend folgender Tabelle enthält:

| Eingelesenes Zeichen | Kennung |
|---|---|
| Vokal | V |
| Konsonant | K |
| Ziffer | Z |
| Satzzeichen | S |
| Leerzeichen | L |
| Sonstige Zeichen | # |

Außerdem sollen die einzelnen Zeichensorten gezählt und die Werte gedruckt werden.

Progr. 3.13 zeigt ein entsprechendes Beispielprogramm und das Terminalprotokoll seiner Abarbeitung im Mehrfachzugriffsystem MS. Bei der Programmabarbeitung waren sowohl das File INPUT als auch das File OUTPUT auf das Nutzerterminal gelegt. Die zwei Doppelkreuze (# #) vor der Statistikangabe stellen das am Terminal eingetippte Fileendekennzeichen dar. (Dem aufmerksamen Leser wird auffallen, daß hier ohne Steuerzeichen gearbeitet wurde. Das ist eine Eigenschaft der hier verwendeten PASCAL-Implementation.)

Progr. 3.13 Programm und Terminalprotokoll TEXTSTRUKTUR

```
PROGRAM TEXTSTRUKTUR (INPUT,OUTPUT);
(********************************)
   VAR CH,OUT: CHAR;
       GESAMT,V,K,Z,S,L:INTEGER (*COUNTERS*);
   BEGIN WRITELN(OUTPUT);
      GESAMT:=0; V:=0; K:=0; S:=0; L:=0;
      WHILE NOT EOF(INPUT) DO
        BEGIN
          WHILE NOT EOLN(INPUT) DO
             BEGIN READ(CH);
```

```
            GESAMT:=GESAMT+1; OUT:='#';
            CASE CH OF
             'A','E','I','O','U':
                  BEGIN V:=V+1; OUT:='V' END;
             'B','C','D','F','G',
             'H','J','K','L','M',
             'N','P','Q','R','S',
             'T','V','W','X','Y',
             'Z': BEGIN K:=K+1; OUT:='K' END;
             '0','1','2','3','4',
             '5','6','7','8','9':
                  BEGIN Z:=Z+1; OUT:='Z' END;
             ',','.',';',':','?':
                  BEGIN S:=S+1; OUT:='S' END;
             ' ': BEGIN L:=L+1; OUT:='L' END
            END (*CASE*);
            WRITE(OUT);
          END(*WHILE NOT EOLN*);
         WRITELN(OUTPUT); READLN(INPUT);
       END (*WHILE NOT EOF*);
      WRITELN(OUTPUT);
      WRITELN(' STATISTIK:'); WRITELN(' **********');
      WRITELN(V:5, ' VOKALE');
      WRITELN(K:5, ' KONSONANTEN');
      WRITELN(Z:5, ' ZIFFERN');
      WRITELN(S:5, ' SATZZEICHEN');
      WRITELN(L:5, ' LEERZEICHEN');
      WRITELN(GESAMT-V-K-Z-S-L:5, ' SONSTIGE ZEICHEN');
      WRITELN(GESAMT:5, ' ZEICHEN INSGESAMT');
    END (* TEXTSTRUKTUR *) .
```

```
HEUTE: 5 VERSUCHE,
KVVKVSLZLKVKKVKKVS
AUF DER FLASCHE WAR FOLGENDES SCHILD: *****
VVKLKVKLKKVKKKVLKVKLKVKKVKKVKLKKKVKKSI#####
WIE WAR'S AM 27. 3. 80?
KVVLKVK#KLVKLZZSLZSLZZS
WO GIBT ES 5 1/4 % ZINSEN?
KVLKVKKLVKLZLZ#ZL#LKVKKVKS
MEHR VERSUCHE MACHEN WIR NICHT.
KVKKLKVKKVKKVLKVKKVKLKVKLKVKKKS
##

 STATISTIK:
 **********
    33 VOKALE
    60 KONSONANTEN
     9 ZIFFERN
     8 SATZZEICHEN
    24 LEERZEICHEN
     8 SONSTIGE ZEICHEN
   142 ZEICHEN INSGESAMT
```

Bei derartiger Bildschirmarbeit ist die Reihenfolge der Abarbeitung von READLN und WRITELN äußerst wichtig. Als Übungsaufgabe überlege man sich, wie das Terminalprotokoll aussähe, wenn zwischen den Zeilen

END (* WHILE NOT EOLN *);

und

END (* WHILE NOT EOF *);

programmiert wäre

READLN(INPUT); WRITELN(OUTPUT);

### 3.6. Strukturierte Datentypen

Die Elemente strukturierter Datentypen sind strukturierte Werte. Ein strukturierter Wert setzt sich aus sogenannten Komponentenwerten zusammen. Diese Zusammensetzung erfolgt nach bestimmten Strukturierungsmethoden. PASCAL stellt vier Strukturierungsmethoden bereit. Die strukturierten Datentypen werden dementsprechend benannt.

1. FILE - Werte sind beliebig lange Folgen von Werten des Grundtyps (Abschn. 3.5.);
2. SET - Werte sind Mengen von Werten des Grundtyps;
3. ARRAY - Werte sind Tupel von Werten des Grundtyps;
4. RECORD - Werte sind Tupel von Werten aus möglicherweise verschiedenen Komponententypen.

Bemerkungen

1. Die in die Bildung von FILE-, ARRAY- und RECORD-Strukturen einbezogenen Komponenten können selbst strukturiert sein.

2. Im Fall von SET-, ARRAY- und RECORD-Strukturen wird es möglich sein, sowohl mit dem strukturierten Wert als Gesamtheit zu operieren, als auch auf einzelne Komponenten bezug zu nehmen. Hieraus ergibt sich die Frage nach einem Komponentenselektor.

3. Gemäß Diagramm (20) kann einem strukturierten Datentyp das Wortsymbol PACKED vorangestellt werden. Laut Sprachdefinition [10] "hat das keinerlei Wirkung auf die Bedeutung des Programms; es ist ein Hinweis für den Compiler, daß der Speicherplatz ökonomisch vergeben werden soll, selbst wenn dadurch der Zugriff verlangsamt und sogar wenn dadurch der Code erweitert werden sollte, der benötigt wird, um den Zugriff zu den Komponenten der Struktur auszudrücken". Für die Wertzuweisungen zwischen gepackten und ungepackten ARRAY-Strukturen sind die Standardprozeduren PACK und UNPACK vorge-

sehen. Die genaue Wirkung des PACKED-Attributes ist stark implementationsabhängig.

Den fortgeschrittenen Leser, der PASCAL wirklich verwendet, verweisen wir hierzu auf die Benutzungshinweise der ihm zur Verfügung stehenden Sprachimplementation.

### 3.6.1. SET-Typen

(46) <u>set-typ</u>

⟶ SET ⟶ OF ⟶ typ ⟶

"typ" ist ein Aufzählungstyp mit implementationsspezifisch beschränktem Umfang.

Den hinter OF angegebenen Typ bezeichnet man als Grund- oder Basistyp des SET-Typs. Ein SET-Typ beschreibt die Potenzmenge seines Basistyps.

B e i s p i e l e . TYPE TAGE = SET OF 0..31; ZEICHEN = SET OF CHAR; ZUSTAND = SET OF (AKTIV, BEREIT, WARTEND);

Seien MIN und MAX das kleinste bzw. größte Element des Basistyps eines SET-Typs. MIN und MAX müssen folgender Bedingung genügen

$$0 \leq ORD(MIN) \leq ORD(MAX) \leq setmax,$$

wobei setmax eine implementationsabhängige Konstante ist. In der von uns genutzten PASCAL-Implementation ist setmax = 63.

Einzelne Werte aus SET-Typen werden notiert als sogenannte Mengenkonstruktion.

(47) <u>mengenkonstruktion</u>

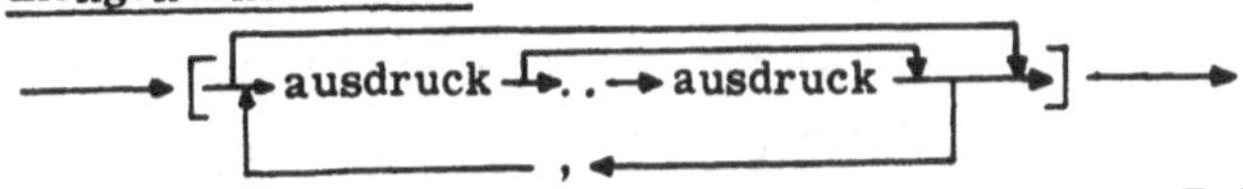


B e i s p i e l e . [13, 4..7, 29, 1], ['+', '-', '0'..'9'], [ ].

Das dritte Beispiel beschreibt die leere Menge. Alle in einer Mengenkonstruktion auftretenden Ausdrücke müssen Werte desselben Typs liefern. Diese Werte W müssen der Bedingung

$0 \leqq$ ORD(W) $\leqq$ setmax

genügen. Die Konstruktion

A1..A2

beschreibt die Menge aller Werte X vom selben Typ wie A1 und A2 mit

A1 $\leqq$ X $\leqq$ A2 .

Für Werte aus SET-Typen sind folgende Operatoren erklärt:

| | |
|---|---|
| := | - Wertzuweisung an Variablen; |
| *, +, - | - Durchschnitt, Vereinigung, Mengendifferenz (zweistellige Operationen); |
| =, <>, <=, >= | - Mengenvergleiche (zweistellige Operationen, Resultattyp: BOOLEAN); |
| IN | - Enthaltensein eines Elements (zweistellige Operation, Resultattyp: BOOLEAN). |

Die Operanden der Operatoren *, +, -, =, < > , <=, und > = müssen von verträglichem Typ sein. Zwei SET-Typen sind verträglich, wenn ihre Grundtypen verträglich sind. Die leere Menge ist mit jedem SET-Typ verträglich. Beim Operator IN muß der linke Operand einen Wert aus dem Basistyp der rechts zu notierenden Menge haben.

Mengenkonstruktionen und der Operator IN werden häufig zur Realisierung von Wertvergleichen und deren Verknüpfung benutzt. Sei A eine INTEGER-Variable. Für den unübersichtlichen Ausdruck

(A=10) OR (A >=17) AND (A <=38) OR (A=50)

kann man bei Verwendung von Mengenkonstruktionen

A IN [10, 17..38, 50]

notieren. Als Übungsaufgabe ersetze man in der Prozedur READSIGNEDINTEGER (Progr. 3.10) die in den IF-, WHILE- und REPEAT-Anweisungen auftretenden Ausdrücke durch entsprechende Mengenausdrücke.

< = und > = bedeuten $\subseteqq$ bzw. $\subseteqq$ . Man beachte, daß das echte Enthaltensein einer Menge in einer anderen nur über die Verknüpfung zweier Vergleiche beschreibbar ist. S1 und S2 seien verträgliche Mengen.

"S1 ⊂ S2" ist zu notieren als (S1 <=S2)AND(S1< > S2).

"S1 ⊃ S2" ist zu notieren als (S1 >=S2)AND(S1< > S2).

In einem Programmbeispiel für die Arbeit mit Mengen soll die Menge aller in einem Text auftretenden Zeichen gedruckt werden.

```
PROGRAM ZEICHENMENGE (INPUT, OUTPUT);
 VAR CH: CHAR;
     M: SET OF CHAR;
 BEGIN M:=[ ];
   WHILE NOT EOF(INPUT) DO
     BEGIN READ(CH);
       M:=M+ [CH] ;
     END;
   WRITE(' ') ;
   FOR CH:= ':' TO ';' DO
     IF CH IN M THEN WRITE(CH);
   WRITELN(OUTPUT);
 END (* ZEICHENMENGE *) .
```

Die Menge M wird als leere Menge initialisiert. Dann werden durch fortgesetzte Vereinigungsbildung von M mit der das aktuelle Zeichen enthaltenden Einermenge die auftretenden Zeichen gesammelt. Ausgehend von der Annahme, daß ein Text gewiß Leerzeichen enthält, wurde die Zeilenstruktur nicht berücksichtigt.

### 3.6.2. ARRAY-Typen

(48) array-typ

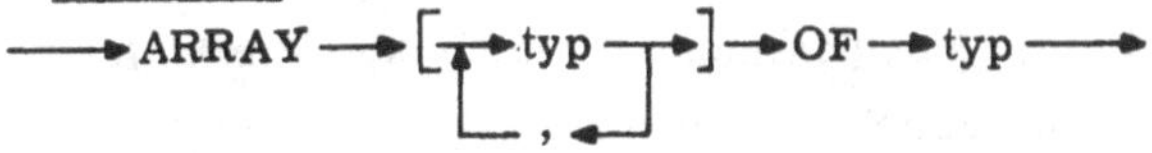


"typ" zwischen den eckigen Klammern muß ein von INTEGER verschiedener Aufzählungstyp bzw. ein Bezeichner eines solchen Typs sein.

Die innerhalb der eckigen Klammer stehenden Typen bezeichnet man als Indextypen. Ihre Anzahl nennt man Dimension des ARRAY-Typs. Hinter OF ist der Komponententyp des ARRAY-Typs anzugeben.

Beispiele. TYPE VEKTOR = ARRAY [1..10] OF REAL; ALFA = ARRAY [1..8] OF CHAR; MATRIX = ARRAY [1..20, 1..20] OF REAL; LISTE = ARRAY [100..130] OF ALFA;

Wie jeder Typ kann auch der ARRAY-Typ Variablen zugeordnet werden, z. B.

```
VAR M: MATRIX;
    K: VEKTOR;
```

Es ist dann analog zu solchen sprachlichen Bildungen wie "INTEGER-Variable" auch üblich, von ARRAY-Variablen oder von Feldvariablen, allgemein von Feldern zu sprechen.

Für Werte aus ARRAY-Typen sind folgende Operatoren definiert:

:= - Wertzuweisung an Variable;

=, < > - Vergleich verträglicher (s. Definition S. 55) ARRAY-Werte (zweistellig, Resultat: BOOLEAN)

Für gepackte eindimensionale Felder mit dem Komponententyp CHAR gibt es zwei zusätzliche Möglichkeiten:

1. Die Relationsoperatoren < , < =, > und >= sind bei gleicher Komponentenanzahl definiert. Der Vergleich erfolgt lexikographisch entsprechend der Ordnung im zugrunde liegenden Typ CHAR.

2. In Ergibtanweisungen kann eine Zeichenkette (Diagramm (5)) gleicher Länge zugewiesen werden.

Wir betrachten zunächst ARRAY-Typen, bei denen nur ein Indextyp notiert ist, man spricht von eindimensionalen ARRAY-Typen. Die Werte eines solchen Typs sind Datenstrukturen, deren Komponenten alle vom gleichen Typ (Komponententyp) sind. Die Anzahl der Komponenten ist gleich der Anzahl der Elemente des Indextyps. Zur Veranschaulichung dieser Datenstruktur stelle man sich eine Tabelle vor, deren Zeilen mit den Werten des Indextyps gekennzeichnet sind und je ein Element des Komponententyps enthalten.

Beispiel. VEKTOR

| | |
|---|---|
| 1 | REAL |
| 2 | REAL |
| 3 | REAL |
| 4 | REAL |
| 5 | REAL |
| 6 | REAL |
| 7 | REAL |
| 8 | REAL |
| 9 | REAL |
| 10 | REAL |

Ausgehend von dieser Vorstellung ist es naheliegend, die Komponentenauswahl durch Angabe eines Wertes aus dem Indextyp zu realisieren.

(49) array-komponente

"variable" ist von einem ARRAY-Typ; Anzahl des Auftretens von "ausdruck" und Typ der Werte entsprechend den Indextypen im ARRAY-Typ von "variable".

Beispiele. VAR A: VEKTOR; NAME: ALFA; M: MATRIX;

Gültige ARRAY-Komponenten sind:

A[7] NAME[3] M[5,5].

Mehrdimensionale Felder werden auf eindimensionale zurückgeführt.

Die Notation

```
TA = ARRAY[T1, T2, ..., TN] OF T
```

ist zu interpretieren als Abkürzung für

```
TA = ARRAY[T1] OF ARRAY [T2,T3,...,TN] OF T;
```

also letztlich als

```
TA = ARRAY [T1] OF
         ARRAY [T2] OF
              .
               .
                .
                  ARRAY [TN] OF T;
```

Dementsprechend ist für eine Variable vom Typ TA die Komponente

V [A1, A2, ..., AN]

als Abkürzung für

V [A1] [A2, ..., AN]

usw. bis

V [A1][A2][A3] ... [AN]

zu verstehen. Alle diese Schreibweisen sind erlaubt.

Als erstes Beispiel für die Arbeit mit ARRAY-Typen formulieren wir in einem Programmfragment einige Manipulationen mit Vektoren.

```
CONST  I = 10;
TYPE VEKTOR = ARRAY [1 .. L]OF REAL;
VAR V1, V2 :VEKTOR;
     MAX, S :REAL;
     I, MAXI: INTEGER;
```

1. Beide Vektoren mit Nullen belegen:

```
FOR I := 1 TO L DO V1[I]:= 0. 0; V2 := V1;
```

Ein Vektor muß komponentenweise belegt werden. Für den zweiten Vektor genügt eine Ergibtanweisung, in der mit den Vektoren als Ganzes operiert wird.

2. Summe der Elemente von V1 berechnen:

```
S := 0. 0; FOR I := 1 TO L DO S := S + V1 [I];
```

3. Skalarprodukt von V1 und V2:

```
S := 0. 0; FOR I := 1 TO L DO S := S + V1 [I] * V2 [I];
```

4. Bestimmung der betragsgrößten Komponente und ihres Index:

```
MAX := ABS(V1 [1] ); MAXI := 1;
  FOR I := 2 TO 10 DO
      IF ABS (V[I]) > MAX THEN
         BEGIN MAX := ABS(V [I]); MAXI := I END;
```

5. Gegeben seien folgende Typdefinitionen:

```
CONST M = 10; N = 20; K = 8;
TYPE TM= 1 .. M;
     TN= 1 .. N;
     TK= 1 .. K;
```

```
MNMAT = ARRAY [TM, TN] OF REAL;
NKMAT = ARRAY [TM, TK] OF REAL;
```

Die letzten drei Typen beschreiben Matrizen.

Die folgende Prozedur berechnet das Produkt einer (MxN)-Matrix mit einer (N*K)-Matrix.

```
PROCEDURE MATMULT( A:MNMAT;
                   B:NKMAT;
                   VAR C:MKMAT);
VAR I, J, L: INTEGER; S: REAL;  .
BEGIN
  FOR I := 1 TO M  (* ZEILENINDEX *) DO
    FOR J := 1 TO K (* SPALTENINDEX *) DO
      BEGIN S := 0.0;
        FOR L:= 1 TO N DO
          S := S + A [I, L] * B [L, J] ;
            C [I, J] := S
      END;
END (* MATMULT *) ;
```

Diese Multiplikation ist nur für Matrizen der in der Parameterliste spezifizierten Typen geeignet, d.h., für andere Matrizenausmaße braucht man andere Prozeduren. Zur Überwindung dieses Nachteils schlagen wir folgenden Weg vor:

Man definiert einen Typ, der eine Matrix von gewissen maximalen Ausmaßen beschreibt. Für konkrete Aufgaben belegt man solche Matrizen nur in der "linken oberen Ecke". Ferner übergibt man in drei zusätzlichen INTEGER-Parametern die höchsten benutzten Indizes. Es werden dann M, N und K lokale Bezeichner.

Übungsaufgabe. Man formuliere nach obigem Beispiel die Produktbildung Matrix * Vektor.

Als Beispiel für ARRAY-Typen mit nichtnumerischem Indextyp behandeln wir folgende Aufgabe: Es ist ein Text einzulesen. Dabei soll die Häufigkeit des Auftretens der Buchstaben erfaßt und anschließend abnehmend sortiert gedruckt werden.

```
PROGRAM HAEUFIGKEIT (INPUT, OUTPUT) ;
  VAR ANZAHL: ARRAY ['A' .. 'Z'] OF INTEGER;
      CH, CH1, CHMAX: CHAR;
      MAX: INTEGER;
  BEGIN
    FOR CH := 'A' TO 'Z' DO ANZAHL [CH] := 0;
    WHILE NOT EOF(INPUT) DO
      BEGIN READ(CH);
        IF CH IN ['A' .. 'Z'] THEN
          ANZAHL[CH] := ANZAHL [CH] + 1 ;
  END;
FOR CH := 'A' TO 'Z' DO
  BEGIN MAX := ANZAHL ['A'] ; CHMAX := 'A';
    FOR CH1 := 'A' TO 'Z' DO
      IF ANZAHL[CH1] > MAX THEN
        BEGIN CHMAX := CH1;
              MAX := ANZAHL [CH1] ;
        END;
      WRITELN(CHMAX:2, ':':2, MAX:5);
      ANZAHL[CHMAX] := -1;
  END;
END (* HAEUFIGKEIT *).
```

### 3.6.3. RECORD-Typen

(50) <u>record-typ</u>

──► RECORD ──► datenfeldliste ──► END ──►

(51) datenfeldliste

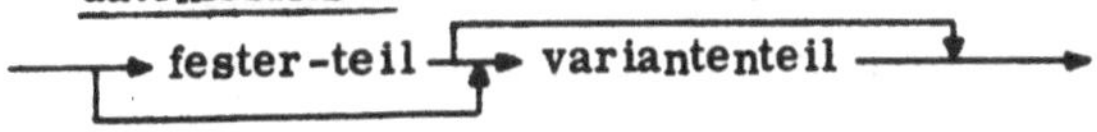


(52) fester-teil

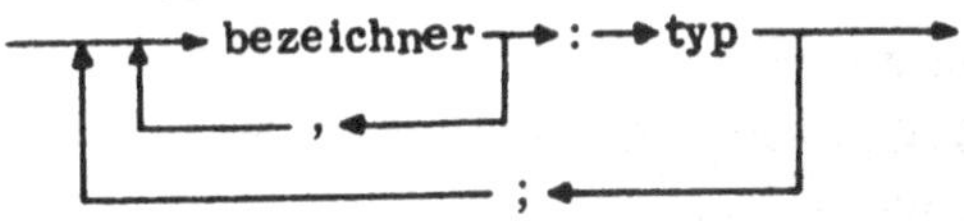


Wir betrachten zunächst nur RECORD-Typen ohne Variantenteil. Die auftretenden Bezeichner nennt man Datenfeldbezeichner.

Beispiele

```
TYPE KOMPLEX = RECORD RE: REAL; IM: REAL END;
      DATUM = RECORD    TAG:  1..31;
                        MONAT: 1..12
                        JAHR: 1800..2000
              END;
              PERSON = RECORD
                        NAME,VORNAME: ALFA;
                        GEBURT:  DATUM;
                        GESCHLECHT:(M, W);
                        GEHALT:  INTEGER
                      END;
```

Für das erste Beispiel könnte man auch schreiben:

```
TYPE KOMPLEX = RECORD RE, IM: REAL END;
```

Die Werte von RECORD-Typen sind Datenstrukturen, die aus den in der Datenfeldliste aufgeführten Komponenten bestehen. Zur Veranschaulichung stelle man sich einen solchen Wert als Tabelle vor, deren Zeilen mit den einzelnen Datenfeldbezeichnern markiert sind und je ein Element des entsprechenden Typs enthalten.

Beispiel. DATUM

| | |
|---|---|
| TAG | 1 .. 31 |
| MONAT | 1 .. 12 |
| JAHR | 1800 .. 2000 |

Ausgehend von dieser Vorstellung ist es naheliegend, die Komponentenauswahl durch Angabe eines Datenfeldbezeichners zu realisieren.

(53) <u>record-komponente</u>

——▶ variable ——▶ . ——▶ bezeichner ——▶

"variable" ist von einem RECORD-Typ. "bezeichner" muß in der Datenfeldliste des Typs von "variable" auftreten.

Beispiele. VAR K: KOMPLEX; HEUTE: DATUM; P: PERSON;

Gültige RECORD-Komponenten sind:

| | | |
|---|---|---|
| K.IM | HEUTE.TAG | P.NAME |
| K.RE | HEUTE.MONAT | P.GESCHLECHT |

Man vergleiche außerdem das einführende Beispiel in Abschnitt 2.

Wenn eine Komponente selbst wieder strukturiert ist, dann können mehrere Selektoren aufeinanderfolgen.

P.NAME [1] bezeichnet den ersten Buchstaben des Datenfeldes NAME der Variablen P;

P.GEBURT.JAHR bezeichnet das Datenfeld JAHR im Datenfeld GEBURT der Variablen P.

Für Werte aus RECORD-Typen sind analog zu den ARRAY-Typen drei Operatoren definiert:

| | |
|---|---|
| := | Wertzuweisung an Variable; |
| =, < > | Vergleich verträglicher RECORD-Werte (zweistellig, Resultat: BOOLEAN). |

Als Beispiel für die verschachtelte Verwendung von ARRAY- und RECORD-Typen betrachten wir die Deklaration

VAR A: ARRAY [1 .. N] OF PERSON

und lösen die Aufgabe:

Man ermittle die Zahl der im Mai geborenen Frauen mit über 1000 M Gehalt, deren Familienname mit G beginnt.

Das folgende Programmfragment leistet das Verlangte:

```
VAR Z, I: INTEGER;
 .
 .
 .
Z := 0;
FOR I := 1 TO N DO
   IF (A[I]. GESCHLECHT = W) AND
     (A[I] .GEBURT.MONAT = 5 ) AND
     (A[I] .GEHALT > 1000 ) AND
     (A[I] .NAME[1]= 'G')
THEN Z := Z + 1;
```

Zur Vereinfachung der Schreibweise bei gehäuften Zugriffen auf Komponenten der gleichen RECORD-Variablen gibt es die WITH-Anweisung.

(54) <u>with-anweisung</u>

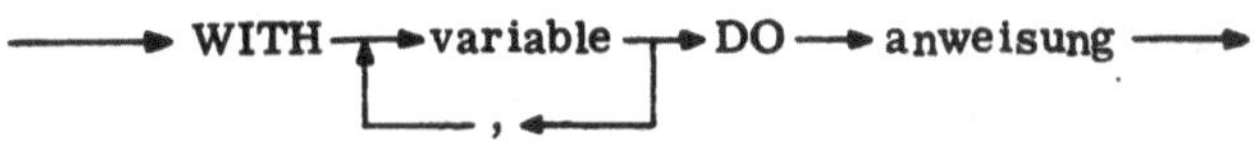


Jede auftretende "variable" muß eine RECORD-Typ-Variable sein.

Wenn nur eine Variable angegeben ist, dann hat die WITH-Anweisung folgende Bedeutung: In der Komponentenanweisung können Bezugnahmen auf die Komponenten der Variablen durch alleinige Notation der Datenfeldbezeichner realisiert werden.

Beispiel

```
WITH HEUTE DO  BEGIN TAG := 1;
                     MONAT := 4;
                     JAHR := 1980;
               END;
```

steht für

```
HEUTE.TAG := 1;
HEUTE.MONAT := 4;
HEUTE.JAHR := 1980;
```

Das obige Programmfragment lautet unter Verwendung der WITH-Anweisung:

```
Z := 0;
FOR I := 1 TO N DO
  WITH A [I] DO
    IF (GESCHLECHT = W) AND
       (GEBURT.MONAT = 5) AND
       (GEHALT > 1000) AND
       (NAME [1] = 'G')
    THEN Z := Z + 1;
```

Eine WITH-Anweisung WITH V1,V2... VN DO S mit mehreren Variablenangaben ist äquivalent zu

```
WITH V1 DO
     WITH V2, V3, ..., VN DO S
```

Im Zusammenhang mit den RECORD-Strukturen macht sich eine Ergänzung der Ausführungen von Abschnitt 3.2.3. (Gültigkeitsbereich von Bezeichnern) erforderlich. Jeder RECORD-Typ stellt ein neues Verschachtelungsniveau dar: Die Datenfeldbezeichner einer lokal zu einem Block mit der Verschachtelungstiefe n (d.h. im Typdefinitions- oder Variablendeklarationsteil dieses Blockes) auftretende RECORD-Struktur erhält den Deklarationspegel n+2. Wird in dieser Situation der Typ eines Datenfeldes als expliziter Aufzählungstyp angegeben, so erhalten die notierten Konstantenbezeichner den Deklarationspegel n+1. Für verschachtelte RECORD-Strukturen gilt sinngemäß das gleiche. Durch eine WITH-Anweisung mit einer Variablenangabe wird ein Gültigkeitsbereich für die Datenfeldbezeichner des entsprechenden RECORD-Typs eingeführt. Er umfaßt genau die hinter DO notierte Anweisung. Die Regeln 1 bis 3 aus Abschnitt 3.2.3. gelten sinngemäß.

Gegeben seien folgende Variablendeklarationen

```
VAR TAG: INTEGER; D1,D2: DATUM;
```

Wenn innerhalb der WITH-Anweisung WITH D1 DO S

der Bezeichner TAG benutzt wird, dann bezieht er sich auf D1.TAG. Die Variable TAG ist innerhalb der WITH-Anweisung nicht erreichbar.

Innerhalb der WITH-Anweisung WITH D1, D2 DO S bezieht man sich mit den Datenfeldbezeichnern TAG, MONAT, JAHR auf D2.TAG, D2.MONAT und D2.JAHR.

Man beachte den Unterschied zwischen

```
WITH P, GEBURT DO S
```

und

```
WITH P. GEBURT DO S
```

Als Bestandteil von S ist die Notation TAG := 1 in beiden Fällen korrekt, GEHALT := 890 jedoch nur im ersten Fall.

B e m e r k u n g . Die WITH-Anweisung stellt nicht nur ein formales "Ausklammern" der RECORD-Variablen dar, sie hat auch eine Wirkung bei der Programmausführung:

Bei Abarbeitung der Variablenliste werden die konkreten, angegebenen Objekte bestimmt und festgehalten. Jede durch direkte Angabe eines Datenfeldbezeichners ausgedrückte Bezugnahme erfolgt auf die entsprechende Komponente eines festgehaltenen Objekts.

Diese Eigenschaft ist bei der Verwendung von WITH-Anweisungen für ARRAY-Komponenten und dynamische Variablen (Abschnitt 3.7.) zu beachten.

Für die zweite Fassung des obigen Beispiels ergibt sich, daß die Zeile

```
WITH A [I] DO
```

nicht vor die Laufanweisung gezogen werden kann.

Wir betrachten ein neues Beispiel. Wir wollen Punkte in der Ebene durch Koordinaten beschreiben. In die Betrachtung beziehen wir sowohl kartesische Koordinaten als auch Polarkoordinaten ein.

```
TYPE TKART = RECORD X, Y  : REAL END;
     WINKEL = REAL;
     TPOLAR = RECORD
                R : REAL;
              PHI : WINKEL
              END;
```

Da es Regeln zur Umrechnung zwischen beiden Koordinatenarten gibt, reicht es, die Lage eines Punktes in einer der zwei Formen zu speichern und sich zusätzlich zu merken, welche Form vorliegt. Hierfür eignet sich die durch den Variantenteil in den RECORD-Typen der Sprache PASCAL definierte Datenstruktur.

Für unser Beispiel sieht das folgendermaßen aus: Wir definieren uns einen neuen RECORD-Typ mit zwei Datenfeldern. Das erste Datenfeld ist vom Typ (POLAR, KARTESISCH). Der Typ des zweiten ist die Vereinigung von TKART und TPOLAR, d.h., die Werte können sowohl aus dem einen als auch aus dem anderen Typ stammen. Das erste Datenfeld zeigt an, welche Art Wert z. Z. im zweiten vorliegt. Diese informal beschriebene Konstruktion hat folgende Syntax:

(55) <u>variantenteil</u>

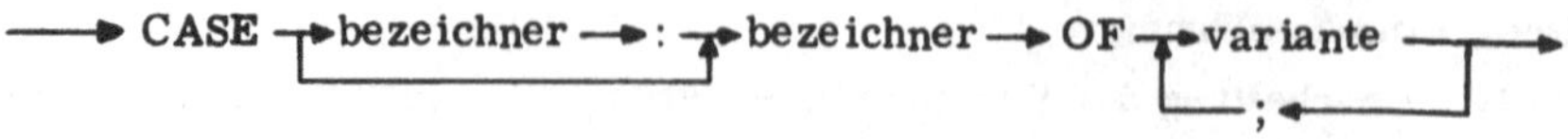


Der Bezeichner zwischen CASE und : ist der Name des sogenannten Anzeigefeldes (engl. tag field). Nach dem Doppelpunkt folgt die Typangabe für das Anzeigefeld. Hier sind nur Bezeichner für Aufzählungstypen zulässig. Nach OF folgt die Variantenliste.

(56) <u>variante</u>

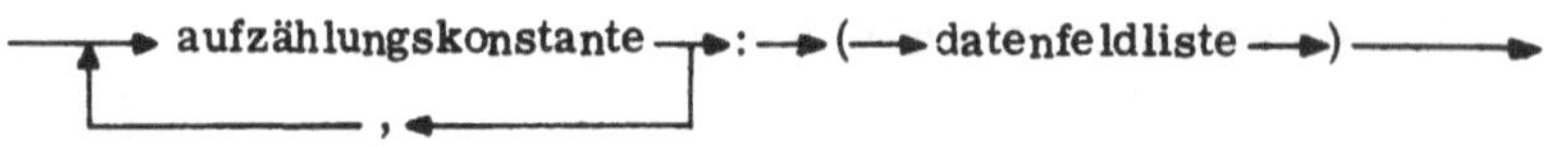


"aufzählungskonstante" muß vom Typ des zugehörigen Anzeigefeldes sein.

Jede Variante besteht aus der Beschreibung "ihrer" Datenstruktur und der Angabe der Werte des Anzeigefeldes, die das Vorliegen dieser Datenstruktur anzeigen.

Das Anzeigefeld ist nur syntaktisch ausgezeichnet. Man kann mit ihm arbeiten wie mit jedem anderen Datenfeld. Insbesondere ist der Programmierer selbst dafür verantwortlich, daß es den richtigen Wert erhält.

Für unser Koordinatenbeispiel können wir definieren:

```
TYPE KOART = (POLAR, KARTESISCH);
     KOORDINATE = RECORD
                  CASE ART: KOART OF
                  POLAR: (R: REAL;
                          PHI: WINKEL );
                  KARTESISCH: (X, Y : REAL)
                  END
```

Die Beschreibung des Typs KOORDINATE enthält keinen festen Teil. Zum Typ KOORDINATE gehören Elemente von zwei verschiedenen Sorten.

| ART | POLAR |
|---|---|
| R | |
| PHI | |

| ART | KARTESISCH |
|---|---|
| X | |
| Y | |

Es wäre widersinnig, mit Elementen der ersten Art so zu arbeiten, als wären sie von der zweiten. Häufig bietet sich hier die CASE-Anweisung an, wobei die Aktionen entsprechend dem Wert des Anzeigefeldes der fraglichen RECORD-Variablen ausgewählt werden. Als Beispiel hierfür formulieren wir eine Funktion, die den Abstand zweier durch Werte des Typs KOORDINATE beschriebener Punkte ermittelt.

```
FUNCTION ABSTAND(A, B: KOORDINATE) : REAL;
  BEGIN
    CASE A.ART OF
    POLAR:
      ABSTAND:=SQRT(SQR(A.R)+SQR(B.R)
                    -2.0*A.R*B.R*COS(A.PHI-B.PHI));
    KARTESISCH:
      ABSTAND:=SQRT(SQR(A.R*SIN(A.PHI)-B.Y)
                    +SQR(A.R*COS(A.PHI)-B.X))
    END;
  KARTESISCH:
    CASE B.ART OF
```

```
            POLAR:
              ABSTAND:=SQRT(SQR(A.Y)-B.R*SIN(B.PHI))
                                   +SQR(A.X)-B.R*COS(B.PHI)));
            KARTESISCH:
              ABSTAND:=SQRT(SQR(A.Y-B.Y)+SQR(A.X-B.X))
            END
          END
        END (*ABSTAND*) ;
```

Wenn diejenigen RECORD-Typen, die in einem Varianten-RECORD vereinigt werden sollen, gemeinsame Datenfelder enthalten, dann entsteht ein RECORD-Typ mit festem Teil und Varianteteil. Als Beispiel definieren wir einen Typ, der so ähnlich in PASCAL-Compilern zur Buchführung über Konstanten benutzt wird. Im festen Teil speichert man den Namen der Konstanten. Im Variantenteil halten wir die Werte unterschiedlichen Typs fest.

```
        TYPE TYPEN = (INT, REELL, BOOL, CAR);
             KONSTANTE = RECORD
                           NAME: ALFA;
                           CASE KTYP: TYPEN OF
                             INT  : (I: INTEGER);
                             REELL: (R: REAL);
                             BOOL : (B: BOOLEAN);
                             CAR  : (C: CHAR)
                           END;
```

Für die Beschreibung bestimmter Sachverhalte, bei denen Objekte verschieden benutzt werden, ist es möglich, zwischen CASE und OF nur den Typ der Anzeige zu notieren. Dann existiert kein Anzeigefeld. Folglich kann man sich bei der Verarbeitung auch nicht danach richten. Derartige Konstruktionen sollten nur mit größter Vorsicht benutzt werden, da sie sehr fehleranfällig sind. Wir verzichten deshalb auch auf Beispiele.

Zum Abschluß dieses Abschnitts über strukturierte Datentypen empfehlen wir dem Leser, sich selbständig mit dem etwas umfangreicheren Progr. 3.14 zur Tabellierung von Polynomen bis maximal 30. Grades auseinanderzusetzen.

**Progr. 3.14 Polynomtabellierung**

```
PROGRAM POLTAB (INPUT,OUTPUT);

CONST
           NMAX = 30;

TYPE
           POLYNOM = RECORD
                        GRAD: 0..NMAX;
                        KOEFF: ARRAY(.0..NMAX.)OF REAL
                      END;

VAR
           P,P1: POLYNOM;
           ANFANG,ENDE,SCHRITT,X: REAL;
           I: INTEGER;

PROCEDURE LIESPOL(VAR P: POLYNOM);
  VAR
           I: INTEGER;
  BEGIN WITH P DO
    BEGIN READ(INPUT,GRAD);
      FOR I:=GRAD DOWNTO 0 DO READ(INPUT,KOEFF(.I.));
    END;
  END;

PROCEDURE SCHREIBEPOL(P: POLYNOM);
  VAR
           I: INTEGER;
  BEGIN WITH P DO
    BEGIN WRITELN(OUTPUT,' POLYNOM VOM ','GRADE',GRAD:3);
      WRITE(OUTPUT,' KOEFFIZIENTEN:');
      FOR I:=GRAD DOWNTO 0 DO
        BEGIN WRITE(OUTPUT,KOEFF(.I.));
          IF (GRAD-I) MOD 5 = 4
          THEN BEGIN WRITELN(OUTPUT);
                  WRITE(OUTPUT,' ':15);
               END;
        END;
      WRITELN(OUTPUT);
      IF GRAD MOD 5 <> 4 THEN WRITELN(OUTPUT);
    END;
  END;

PROCEDURE ABLEITUNG(P: POLYNOM; VAR A: POLYNOM);
  VAR
           I: INTEGER;
  BEGIN
    FOR I:=P.GRAD DOWNTO 1 DO
      A.KOEFF(.I-1.):=I*P.KOEFF(.I.);
    IF P.GRAD >= 1
    THEN A.GRAD:=P.GRAD-1
    ELSE BEGIN A.GRAD:=0;
           A.KOEFF(.0.):=0.0;
         END;
  END;

FUNCTION POL(P: POLYNOM; X: REAL): REAL;
  VAR
           H: REAL;
           I: INTEGER;
```

```
BEGIN WITH P DO
  BEGIN H:=KOEFF(.GRAD.);
    FOR I:=GRAD-1 DOWNTO 0 DO H:=H*X+KOEFF(.I.);
  END;
  POL:=H;
END;

BEGIN
 READ(ANFANG,ENDE,SCHRITT);
 WRITELN('1TABELLIERUNG EINES POLYNOMS');
 WRITELN(' **************************');
 WRITELN(OUTPUT);
 LIESPOL(P); SCHREIBEPOL(P);
 ABLEITUNG(P,P1);
 WRITELN('OSCHRITTWEITE:', SCHRITT);
 WRITELN('0', 'X':8, '!':7, 'P(X)':9, '!':6, 'P''(X)':10);
 WRITELN(' ---------------------------------------------');
 X:=ANFANG; I:=1;
 REPEAT
   WRITELN(X:14, '!':2,POL(P,X):13, '!':2, POL(P1,X):13);
   X:=ANFANG+I*SCHRITT; I:=I+1;
 UNTIL X>ENDE;
END.
```

## 3.7. Pointertypen und dynamische Variablen

Im Variablendeklarationsteil eines Blocks wird festgelegt, wieviele Variablen von welchem Typ existieren. Da zur Programmlaufzeit an den Festlegungen aus dem Deklarationsteil nichts geändert werden kann, bezeichnet man deklarierte Variablen auch als statisch eingeführte oder kürzer als statische Variablen.

Bisweilen ist es erforderlich, Informationsverarbeitungsprozesse zu beschreiben, bei denen nicht vorher bekannt ist, wieviele Objekte eines bestimmten Typs benötigt werden. Man denke etwa an eine Liste, deren Länge von den Eingabedaten abhängt. (In einem Compiler kann das eine Bezeichnerliste sein; ihr Umfang hängt von dem übersetzten Programm ab.) Angesichts statischer Variablen bleibt nur eine Lösung: Man legt sich auf eine Maximalzahl von Variablen fest. (Beispielsweise arbeitet das Programm POLTAB wegen einer solchen Festlegung nur für Polynome maximal 30. Grades.) Wählt man diese Maximum zu klein - etwa im Fall der Bezeichnerliste eines Compilers -, dann stößt man bei der Abarbeitung oft an die Grenzen. Richtet man die Deklaration auf Extremfälle ein, dann wird i. allg. sehr viel Speicherplatz unnütz blockiert.

Aus dieser Situation entsteht der Wunsch nach sogenannten dynamischen Variablen, die bei Bedarf zur Programmlaufzeit erzeugt und nach Möglichkeit auch wieder vernichtet werden können. Die Programmiersprache PASCAL stellt dem Programmierer einen Apparat für die Erzeugung und Vernichtung dynamischer Variablen und eine Notation für Bezugnahmen auf dynamische Variablen bereit.

(57) pointertyp

——▶ @ ——▶ bezeichner ——▶

"bezeichner" ist der Name eines Typs, der keine FILE-Typ-Komponente enthält.

Abweichend von den in Abschnitt 3.2.2. formulierten Regeln für die Benutzung von Bezeichnern darf hier ein Typbezeichner stehen, der erst später, aber im gleichen Block definiert wird.

Die Werte von Pointertypen sind Pointer (Verweise, Zeiger) auf dynamisch erzeugte Objekte. (Rechnerintern sind Pointer Adressen.)

Sei T ein geeigneter Typbezeichner. Der durch @T beschriebene Pointertyp ist an den Typ T "gebunden": Seine Werte verweisen auf Objekte des Typs T. Es gibt eine Pointerkonstante, sie wird durch NIL bezeichnet. Der Wert NIL verweist auf kein Objekt. Er gehört zu allen Pointertypen.

Für die Arbeit mit Werten aus Pointertypen gibt es drei Operatoren:

:= Wertzuweisung an Variablen,

=, < > Pointervergleich (zweistellig, Resultat: BOOLEAN).

In allen drei Fällen müssen die Operanden verträgliche Typen besitzen. Pointertypen sind verträglich, wenn ihre Grundtypen verträglich sind.

Zur Erzeugung dynamischer Variablen gibt es die auf beliebige Pointervariablen X anwendbare Standardprozedur

NEW(X)

Gegeben sei eine an den Typ T gebundene Pointervariable P, d.h.

VAR P: @ T;

Die Abarbeitung von NEW(P) bewirkt dreierlei:

1. Erzeugung einer Variablen vom Typ T;

2. Erweiterung des Typs @ T um einen Pointer auf die erzeugte Variable;

3. Der neuentstandene Pointer wird zum Wert der Variablen P gemacht.

Dem Punkt 2. liegt entsprechend der PASCAL-Auffassung vom Typ als Wertmenge die Vorstellung zu Grunde, daß anfangs jeder Pointertyp nur den Wert NIL enthält.

Variablen, die über NEW(...) erzeugt werden, heißen dynamische Variablen. Pointerwerte entstehen - mit Ausnahme von NIL - nur durch Abarbeitung der NEW-Prozedur. Man beachte die sich daraus ergebende Folgerung: Es ist unmöglich, mittels eines Pointers auf eine deklarierte Variable zu verweisen (es können nicht Adressen als Werte zugewiesen werden)!

(58) <u>dynamische-variable</u>

——→variable ——→@ ——→

"variable" ist von einem Pointertyp.

B e i s p i e l. Ausgehend von der Deklaration VAR P: @T;
bedeuten

P eine statische Variable, die als Werte Pointer auf dynamische Variablen vom Typ T annehmen kann und

P @ die dynamische Variable vom Typ T, auf die P verweist, wenn P < > NIL.

B e m e r k u n g e n

1. P@ muß nicht unbedingt existieren. Eine notwendige Voraussetzung für die Ausführbarkeit des durch P@ notierten Zugriffs ist, daß P einen definierten, von NIL verschiedenen Wert hat.

2. Im obigen Beispiel ist die Pointervariable eine statische Variable. Interessant für den Aufbau komplizierterer Datenstrukturen ist der Fall, daß Pointertypen als Komponenten dynamischer, strukturierter Variablen auftreten. Wir stellen in diesem Abschnitt noch ein Beispielprogramm für die Arbeit mit sogenannten einfach-verketteten Listen vor. Im Abschnitt 4.6. besprechen wir eine andere, häufig verwendete Datenstruktur, den binären Baum.

Zur Vernichtung dynamischer Variablen gibt es die Standardprozedur DISPOSE(X). P sei eine Pointervariable. Außerdem müssen wir voraussetzen, daß P @ existiert. Die Abarbeitung von DISPOSE(P) bewirkt die Freigabe des von P @ belegten Speicherplatzes.

In vielen PASCAL-Implementationen ist an Stelle von DISPOSE(X) eine andere Standardprozedur realisiert. Unter den oben formulierten Voraussetzungen bewirkt

```
RELEASE(P)
```

die Freigabe sämtlicher seit dem Zeitpunkt der Erzeugung von P @ neu mit dynamischen Variablen belegten Speicherplätze.

Was geschieht, wenn bei einem Zugriffsversuch über P @ bzw. der Abarbeitung von DISPOSE(P) oder RELEASE(P) keine dynamische Variable P@ existiert, ist implementationsabhängig. Man rechne mit einem Programmabbruch.

Wir wollen ein Programm schreiben, das Namen einliest. Am Schluß sollen alle aufgetretenen Namen und die Häufigkeit ihres Auftretens ausgegeben werden.

Zunächst definieren wir:

```
TYPE ALFA = ARRAY [1..8] OF CHAR;
     EVL  = RECORD
               INH: ALFA;
               ANZAHL: INTEGER;
               NACHFOLGER: @ EVL
            END;
```

Der RECORD-Typ EVL (von einfach verkettete Liste) enthält außer den Datenfeldern zum Abspeichern der in der Aufgabenstellung verlangten Information noch ein drittes Datenfeld NACHFOLGER. Es ist vom Typ @ EVL, d. h., in ihm kann ein Verweis auf eine dynamische Variable vom Typ EVL gespeichert werden. Auf diese Weise haben wir die Möglichkeit, eine Kette von Elementen des Typs EVL aufzubauen.

Mit

```
VAR  ANFANG: @ EVL;
```

läßt sich das grafisch wie in Abb. 3.15 veranschaulichen.

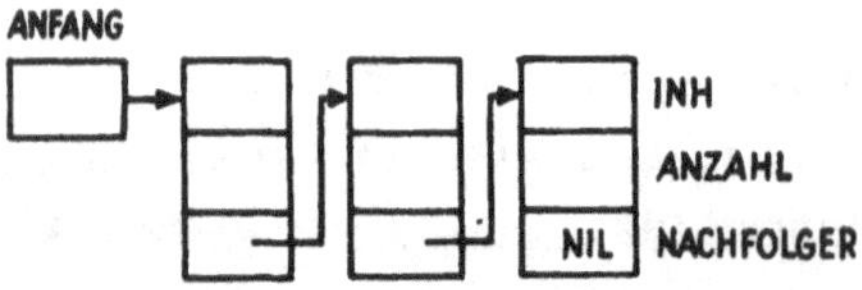


Abb. 3.15 Verketten von Listenelementen

Der Wert von ANFANG zeigt auf das erste Kettenelement. Das Datenfeld NACHFOLGER des letzten Kettengliedes enthält als Endekennzeichen den Wert NIL.

Das Progr. 3.16 löst die oben formulierte Aufgabe. Die Prozedur SUCHE verbucht den als Parameter übergebenen Namen. Folgende Fälle treten auf:

1. Liste ist noch leer. Man erzeugt das erste Listenelement.

2. Man sucht in der Liste nach dem gefragten Namen, dazu wird eine Hilfsvariable schrittweise auf die Kettenelemente gestellt.

2.1 Name vorhanden. Man hat lediglich im Datenfeld ANZAHL den Wert 1 zu addieren.

2.2 Ende der Liste erreicht und Name nicht vorhanden. Anhängen eines neuen Elements.

Die Prozedur PRINT erzeugt das verlangte Protokoll.

Das Hauptprogramm ist für die Bildschirmarbeit im Mehrfachzugriffsystem MS eingerichtet.

Progr. 3.16 Einfach verkettete Liste

```
PROGRAM EINFACHVERKETTETELISTE (INPUT,OUTPUT)

  TYPE
    ALFA = ARRAY(.1..8.)OF CHAR;
    EVL = RECORD
            INH: ALFA;
            ANZAHL: INTEGER;
            NACHFOLGER: @EVL
          END;
  PZUEVL = @EVL;

  VAR
    ANFANG: @EVL;
    I: INTEGER;
    NAM: ALFA;

  PROCEDURE SUCHE(NAME: ALFA);
    VAR H: @EVL;
```

```
    BEGIN
      IF ANFANG=NIL THEN
        BEGIN NEW(H);
          H@.INH:=NAME; H@.ANZAHL:=1;  H@.NACHFOLGER:=NIL;
          ANFANG:=H;
        END
      ELSE (* LISTE IST NICHT LEER *)
        BEGIN H:=ANFANG;
          WHILE (H@.NACHFOLGER<>NIL) AND (H@.INH<>NAME) DO
            H:=H@.NACHFOLGER;
          IF H@.INH=NAME THEN
            H@.ANZAHL:=H@.ANZAHL+1
          ELSE (* NEUE EINTRAGUNG EINRICHTEN *)
            BEGIN NEW(H@.NACHFOLGER);
              WITH H@.NACHFOLGER@ DO
                BEGIN INH:=NAME; ANZAHL:=1; NACHFOLGER:=NIL END;
            END;
        END;
    END (* SUCHE *) ;

  PROCEDURE PRINT;
    VAR H: @EVL;
    BEGIN H:=ANFANG;
      WHILE H<>NIL DO
        BEGIN WRITELN(H@.INH:9, H@.ANZAHL:4);
          H:=H@.NACHFOLGER;
        END;
      WRITELN(' ');/
    END (* PRINT *) ;

BEGIN (*   H A U P T P R O G R A M M   *)

  ANFANG:=NIL;
  WRITELN(' NAMEN EINGEBEN BIS ##');
  READLN(INPUT);
  WHILE NOT EOF(INPUT) DO
    BEGIN I:=0;
      WHILE (I<8) AND NOT EOLN(INPUT) DO
        BEGIN I:=I+1; READ(NAM(.I.)) END;
     FOR I:=I+1 TO 8 DO NAM(.I.):=' ';
      SUCHE(NAM);
      READLN(INPUT);
    END;
  PRINT;

END .
```

## 3.8. Ergänzungen zum Routinenkonzept

### 3.8.1. FORWARD-Deklarationen

Der Gültigkeitsbereich von Bezeichnern beginnt in PASCAL-Programmen von der Stelle ihres Auftretens in Deklarationen bzw. Definitionen (vgl. Abschnitt 3.2.2.). Diese Festlegung kann zu Komplikationen beim Programmieren führen, wenn in dem eine Prozedur oder Funktion darstellenden Block weitere, global definierte Routinen aufgerufen werden. Da Rekursion erlaubt ist, könnte also die Prozedur A die Prozedur B aufrufen, B ruft C auf, und in C wird A aufgerufen. Es müßte dann B vor A, C vor B und A vor C deklariert sein, was sich offensichtlich widerspricht.

Zahlreiche PASCAL-Implementationen haben deshalb das (zusätzliche) Wortsymbol FORWARD eingeführt (vgl. Diagramm (15)). FORWARD ersetzt den die Routine darstellenden Block, so daß die Routinenvereinbarung auf den Routinenkopf und eben diese Wortsymbole schrumpft. Die Bedeutung dieses Wortsymbols besteht darin, daß fixiert wird, daß die Vereinbarung des die Routine beschreibenden Blocks an späterer Stelle im Programm erfolgt.

B e i s p i e l. PROZEDURE A(X: REAL; I, J : INTEGER; R1: R2: T2); FORWARD;

An dieser "späteren Stelle", wo also der durch die Prozedur definierte Algorithmus codiert ist, darf der Parameterteil der Kopfzeile nicht wiederholt werden. Der Compiler identifiziert den Namen mit dem aus der FORWARD-Deklaration bekannten und verwendet die dort angegebene Liste der Formalparameter.

B e i s p i e l

```
PROCEDURE A;
(* LOKALE DEFINITIONEN UND DEKLARATIONEN VON A *)
.
.
.
BEGIN
.
.
.
(* ANWEISUNGSTEIL VON A *)
END (* A *);
```

### 3.8.2. Rekursive Routinen

Prozeduren und Funktionen können in PASCAL rekursiv definiert werden. Die Feststellung sagt aus, daß im Anweisungsteil einer Prozedur/Funktionsdeklaration dieses Prozedur/Funktion selbst aufgerufen werden kann.

**Beispiel**

```
FUNCTION A(I,J: INTEGER): INTEGER;
:
BEGIN
:
IF T THEN X:= A(K+1,L+1);
:
END (* A *);
```

Erfahrungsgemäß macht es gewisse Mühe, sich an die Benutzung der Rekursion zu gewöhnen. Deshalb sei an dem einfachen Beispiel der rekursiv definierten Fakultätsfunktion

$$f(k) = k \cdot f(k-1) = k! = k \cdot (k-1)!$$

das Programmieren erläutert.

Progr. 3.17 Fakultät

```
PROGRAM FAKULTAET (INPUT,OUTPUT);
VAR
          I,N: INTEGER;

FUNCTION FAK(K:INTEGER): INTEGER;
  VAR  F,I: INTEGER;
  BEGIN
    F:=1;
    FOR I:=2 TO K DO
      F:=F*I;
    FAK:=F
  END (*FAK *);

FUNCTION FAKR(K:INTEGER): INTEGER;
BEGIN
  IF K>1 THEN
    FAKR:=K*FAKR(K-1)
  ELSE
    FAKR:=1
END;
```

```
21 BEGIN
22 WRITELN(OUTPUT,'-FAKULTAET');
23 READ(INPUT,N);
24 FOR I:=1 TO N DO
25   WRITELN(OUTPUT,I,FAK(I),FAKR(I));
26 END  (* FAKULTAET *) .
```

1. Es sind zwei Funktionen zur Berechnung von k! angegeben, nämlich die Funktion FAK (Zeilen 4 bis 11) und die Funktion FAKR (Zeilen 13 bis 19). Bei beiden Funktionen wird vorausgesetzt, daß beim Aufruf der aktuelle Parameter aus dem Definitionsbereich der Funktion k! ist. Es wird in diesem Beispiel auch nicht berücksichtigt, ob der Definitionsbereich der INTEGER-Implementation überschritten wird. Da 13! = 6 227 020 800 > 2 174 483 647, so könnte 13! in der ESER-Implementation von PASCAL nicht mehr berechnet werden. (Wie müßte die Funktion geschrieben sein, um auch die Berechnung von Werten > 13! zu gestatten?)

2. In der Funktion FAK wird k! durch wiederholtes Multiplizieren berechnet. Das geschieht in der FOR-Anweisung. Das Produkt wird danach dem Funktionsnamen als Wert zugewiesen (Zeile 10).

3. Die Funktion FAKR ist rekursiv definiert. Ist nämlich K > 1 so wird FAKR mit dem aktuellen Parameter K-1 aufgerufen. Dieser Aufruf erfolgt solange, bis FAKR mit einem aktuellen Parameter aufgerufen wird, dessen Wert 1 ist. Das führt bei diesem (letzten) Aufruf auf die Ergibtanweisung FAKR := 1 und danach zu dem vorletzten Aufruf, wo 2 · FAKR(1) = 2! gebildet wird. Letztlich ergibt sich nach sukzessiver Beendigung aller Aufrufe k!.

4. Das Hauptprogramm in den Zeilen 21 bis 26 gibt nach Eingabe einer Zahl N die Werte 1! bis N! aus, wobei die Berechnung sowohl mit FAK als auch mit FAKR erfolgt.

Im Abschnitt 4.6. behandeln wir ein weiteres Beispiel zur Verwendung rekursiver Prozeduren.

Es sei noch bemerkt, daß die Rekursion auch durch die Verschachtelung mehrerer Prozeduren zustandekommen kann. Wir deuteten das schon im letzten Abschnitt an. Wirklich sinnvolle Beispiele sind dafür jedoch so aufwendig, daß sie den Rahmen dieses Buches sprengen.

### 3.8.3. Formale Routinen

Wir wollen in diesem Abschnitt die Frage behandeln, wie man in PASCAL Verfahren formuliert, die ihrerseits andere, selbständig formulierbare Verfahren benutzen.

Drei Möglichkeiten wurden bereits besprochen, nämlich

1. das von einer Prozedur oder Funktion zu benutzende Verfahren wird lokal deklariert,

2. das untergeordnete Verfahren wird vor der übergeordneten Prozedur deklariert; der Prozedurbezeichner ist dann in dem die Prozedur darstellenden Block gültig,

3. die Bezeichnung der untergeordneten Prozedur wird in einer FORWARD-Deklaration eingeführt.

Zur Illustration dieser drei Notationsmöglichkeiten betrachten wir die Aufgabe, ein Verfahren AP zur Bestimmung der Koeffizienten eines Approximationspolynoms zu programmieren, in dem die erforderlichen Wertepaare durch den Aufruf einer Funktion F bereitgestellt werden.

Den drei obigen Fällen entsprächen dann folgende Notationen:

Zu 1.
```
PROCEDURE AP (* APPROXIMATIONSPOLYNOM *)
        (N: INTEGER (* GRAD *); VAR A: KOEFFIZIENTEN);
:
FUNKTION F(X: REAL): REAL;
        (* ES FOLGT DER DIE FUNKTION F DARSTELLENDE BLOCK *)
:
BEGIN ... END (* F *);
:
BEGIN
        (* ANWEISUNGSTEIL, DARIN AUFRUF VON F *)
END (* A *);
```

Zu 2.
```
FUNCTION F(X: REAL): REAL;
:  (* SIEHE 1. *)
END (* F *);
:
PROCEDURE AP(...);
:  (* SIEHE 1. *)
END (* AP *);
```

Zu 3.
```
PROCEDURE AP(...);
:
FUNCTION F(X: REAL): REAL; FORWARD;
:
BEGIN ... END (* AP *);
:
FUNCTION F;
:
END (* F *);
```

Damit ist prinzipiell die Aufgabe lösbar. Allerdings haben alle drei Programmkonstruktionen den Mangel, daß die Prozedur AP stets genau eine Funktion benötigt, die - als weitere Einschränkung - den Namen F hat.

Dieser Mangel ist dadurch behoben worden, daß Prozeduren und Funktionen auch über den Mechanismus der Parametervermittlung an eine übergeordnete Prozedur bzw. Funktion vermittelt werden können. Bevor wir die Syntax des Prozedurkopfs angeben, sei das obige Beispiel ein viertes Mal aufgegriffen, weil es intuitiv zu verstehen ist.

```
PROCEDURE AP
          (N: INTEGER (* GRAD *);
          VAR A: KOEFFIZIENTEN;
          FUNCTION F: REAL);
:
BEGIN
:    (* HIER ERFOLGT DER AUFRUF VON F(X) *)
END (* AP *);
```

Die Prozedur AP kann nun aufgerufen werden, wobei die "formale Funktion" F durch den Bezeichner einer aktuellen Funktion ersetzt wird, z.B.

...; AP(6, AGAMMA, GAMMA); ...

Die Notierung entspricht der Syntax des PASCAL-Berichts. In der Praxis der PASCAL-Implementierungen wird jedoch die Syntax von formalen Prozeduren bzw. formalen Funktionen meist abweichend davon definiert, indem gefordert wird, daß der formale Parameter auch Angaben über die Parameter enthält, die beim Aufruf der formalen Prozedur/Funktion zu verwenden sind. Da diese Handhabung in PASCAL 360 [20] realisiert ist und den Standardisierungsbestrebungen entspricht [21], folgen wir im Syntaxdiagramm (59) dieser Tendenz.

(59) formale-routine

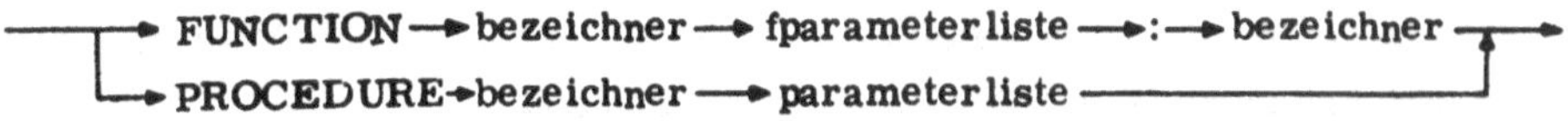


Die formale Funktion des obigen Beispiels ist bei Zugrundelegung der Syntax gemäß (59) abzuändern in

FUNCTION F(X: REAL): REAL;

Betrachtet man das Beispiel genauer, so fällt auf, daß innerhalb von AP auch ein Verfahren zur Lösung eines linearen Gleichungssystems benötigt wird, da ja die zu berechnenden Koeffizienten von

$$P_n(x) = A_n x^n + A_{n-1} x^{n-1} + \ldots + A_1 x + A_0$$

sich aus

$$P_n(x_i) = A_n x_i^N + A_{n-1} x_i^{n-1} + \ldots + A_1 x_i + A_0 \quad \text{für } i = 1, \ldots, n+1$$

ergeben. Setzen wir voraus, daß diese Prozedur zur Lösung eines linearen Gleichungssystems ebenfalls über die Parametervermittlung an die Prozedur AP vermittelt werden soll, dann wäre der Prozedurkopf

```
PROCEDURE AP
          (N: INTEGER;
           VAR A: KOEFFIZIENTEN;
           FUNCTION F(X: REAL): REAL;
           PROCEDURE LGLS(M: MATRIX;
                          V: RECHTESEITE;
                          VAR X: LOESUNG));
```

zu notieren.

Es sind noch einige Bemerkungen zu mehrstufigen Verschachtelungen von formalen Routinen erforderlich.

1. Das Syntaxdiagramm (59) zeigt, daß die Typen der Parameter der formalen Prozeduren/Funktionen durch Typbezeichner angegeben werden müssen und daß insbesondere die Parameter formaler Prozeduren/Funktionen wiederum formale Prozeduren/Funktionen sein können. Die Namen der "formalen Parameter" der formalen Routinen sind dabei belanglos.

2. In bezug auf die Verträglichkeit formaler und korrespondierender aktueller Prozeduren/Funktionen sind folgende Bedingungen zu beachten:

(1) Die Parameterlisten müssen die gleichen Anzahlen von Parametern enthalten, und korrespondierende Parameter müssen vom gleichen Typ sein; das gilt auch für formale und aktuelle Prozeduren/Funktionen.

(2) Die Parametervermittlung muß für korrespondierende Parameter gleich sein.

(3) Ist der Parameter einer formalen Prozedur/Funktion wiederum eine formale Prozedur/Funktion, so gelten auch dafür die Bedingungen (1) und (2).

*Beispiel.* Es gelten folgende Prozedurköpfe bzw. Funktionsköpfe:

```
PROCEDURE P1 (I : INTEGER; FUNCTION F (VAR X: REAL; I: INTEGER):
                                                          REAL;
FUNCTION PHI1 (VAR X : REAL; I : INTEGER) : REAL;
FUNCTION PHI2 (X : REAL; I : INTEGER) : REAL;
```

Dann wäre die Prozeduranweisung

P1 (J, PHI1) richtig, wenn J vom Typ INTEGER ist,

P1 (J, PHI2) falsch, weil PHI 1 und PHI 2 nicht dieselbe Parameterbehandlung haben.

Im übrigen spielen bei der Behandlung formaler Prozeduren/Funktionen i.allg. implementationsspezifische Festlegungen eine Rolle, so daß unseres Erachtens eine weiterführende Diskussion nicht allgemein möglich ist.

## 3.9. Marken und GOTO-Anweisung

In ähnlicher Weise wie Variablen benannt werden und dann über den Namen symbolisch adressierbar sind, können auch Anweisungen symbolisch benannt werden. Diese Bezeichner für Anweisungen heißen Marken. Sie sind syntaktisch vorzeichenlose, ganze Zahlen.

(60) marke

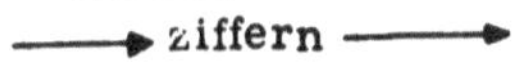


Im Programm benutzte Marken müssen vereinbart werden. Die Markenvereinbarung hat die Form

(61) markenvereinbarungsteil

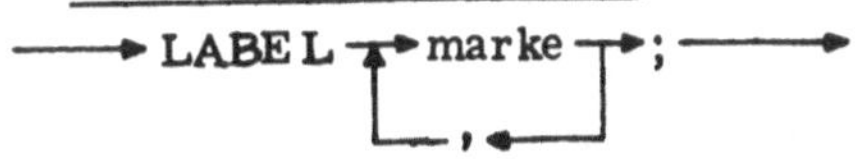


Der Markenvereinbarungsteil legt alle Marken fest, die in dem Block lokal sind. Diese Marken können als Zielangaben in sogenannten GOTO-Anweisungen benutzt werden. Der Markenvereinbarungsteil steht am Anfang eines Blocks (vgl. Diagramm (10)).

Beispiel. LABEL 1, 2;
CONST PI = 3.14159;

Eine vereinbarte Marke kann einer Anweisung vorangestellt werden, sie wird dann von der Anweisung durch : getrennt.

Beispiel. ...; 1 : IF ...;...

Das Erreichen einer so gekennzeichneten Anweisung ist durch die GOTO-Anweisung (eine elementare Anweisung) möglich.

(62) <u>goto-anweisung</u>

——►GOTO —►marke ——►

Beispiel. ...; 2 : X := Y;...; GOTO 2;

Die GOTO-Anweisung darf nur lokal in dem Block benutzt werden, in dem die Marke deklariert ist.

Allgemein ist zu raten, den Gebrauch von GOTO-Anweisungen zu vermeiden. Der Verzicht auf GOTO-Anweisungen zwingt den Programmierenden zu einer strukturierten, übersichtlichen Anlage seines Programms.

# 4. Zusammenfassende Beispiele mit Diskussion

Das Erlernen einer Programmiersprache ist durch passives Durcharbeiten eines Lehrtextes unseres Erachtens nicht möglich. Nur eine aktive produzierende Auseinandersetzung mit Syntax und Semantik einer Sprache erzeugt Gefühl für die Programmiersprache und führt zur sicheren Verwendung. Ein Schritt auf diesem Wege ist es, korrekte, vom Inhalt her einfache Programme durchzuarbeiten, um die Unsicherheit zu überwinden, die der Lernende beim Schreiben von Programmen empfindet. Wir meinen, daß das Durcharbeiten von Programmen der schnellste und sicherste Weg zur Beherrschung einer Programmiersprache ist. Deshalb stellen wir in diesem Abschnitt einige Programme für numerische und nichtnumerische Aufgaben vor. Die Programme mögen gleichzeitig als Muster für die Verwendung der zuvor einzeln behandelten Sprachelemente dienen.

## 4.1. Primzahlzerlegung

Als erstes Beispiel diene ein Programm zur Zerlegung einer ganzen Zahl in Primfaktoren. (Das Vorzeichen bleibt in der Faktorenangabe unberücksichtigt.)

Progr. 4.1 zeigt das Compilerprotokoll und das Protokoll der Objektzeit des Programms mit dem Druckbild für die Testbeispiele (In bezug auf die mit ADDR überschriebene Spalte verweisen wir auf den Anhang.)

## Progr. 4.1 Compiler- und Lautzeitprotokoll für Programm PRIMFAKTOREN

```
 152 PROGRAM PRIMFAKTOREN (INPUT,OUTPUT);
 152   CONST PMAX = 30;
 152   TYPE FAKTOREN = ARRAY[1..PMAX]OF INTEGER;
 152   VAR I,J,K,ZAHL: INTEGER;
 168       ZERLEGUNG: FAKTOREN;
 288
 288   PROCEDURE PRIMZERLEGUNG(Z: INTEGER;
  84                           VAR P: FAKTOREN;
  88                           VAR I: INTEGER  );
  92     VAR IX,J: INTEGER;
 100     BEGIN
   3       Z:=ABS(Z); J:=1;
   9       WHILE NOT ODD(Z) DO
 133         BEGIN P[J]:=2; J:=J+1; Z:=Z DIV 2 END;
  28       IX:=3;
  30       WHILE Z<>1 DO
  34         IF Z MOD IX = 0 THEN
  40           BEGIN P[J]:=IX; J:=J+1; Z:=Z DIV IX END
  54         ELSE IX:=IX+2;
  60       I:=J-1;
  65     END (* PRIMZERLEGUNG *);
  66
  66   BEGIN  (*  H A U P T P R O G R A M M  *)
  66     WRITELN('-BEISPIELE FUER PRIMFAKTORENZERLEGUNG');
  74     WRITELN('0');
  80     WHILE NOT EOF(INPUT) DO
  84       BEGIN READLN(ZAHL); WRITE(ZAHL, ':'); J:=1;
  99         PRIMZERLEGUNG(ZAHL,ZERLEGUNG,I);
 104         FOR K:=1 TO I DO
 112           BEGIN
 112             IF J<10 THEN J:=J+1
 117             ELSE
 121               BEGIN WRITELN(OUTPUT); J:=1;
 125                 WRITE(' ':11);
 129               END;
 129             WRITE(ZERLEGUNG[K]:6);
 137           END;
 141         WRITELN(OUTPUT);
 143       END;
 144   END (*  P R I M F A K T O R E N  *) .
```

```
SUCCESSFUL COMPILATION

BEISPIELE FUER PRIMFAKTORENZERLEGUNG


      960:     2     2     2     2     2     2     3     5
       16:     2     2     2     2
       21:     3     7
      144:     2     2     2     2     3     3
     5555:     5    11   101
       83:    83
     4913:    17    17    17
  1293600:     2     2     2     2     2     3     5     5     7
               7    11
     -111:     3    37
     1001:     7    11    13
     4096:     2     2     2     2     2     2     2     2     2
               2     2     2
123456789:     3     3  3607  3803
```

Erläuterungen

1. Die Primzahlzerlegung darf höchstens 30 Faktoren enthalten, da in PASCAL für ESER-Anlagen $2^{31}-1$ die größte darstellbare Zahl ist. Deshalb wird durch die Typdefinition in Zeile 2 ein Vektortyp mit 30 Komponenten eingeführt, der der Variablen ZERLEGUNG (Zeile 4) zugeordnet wird.

2. Die Primfaktorzerlegung erfolgt mittels der Prozedur PRIMZERLEGUNG (Zeilen 6 bis 20).

3. Diese Prozedur wird in Zeile 27 des Hauptprogramms für verschiedene Textwerte aktiviert, die sich aus dem Einlesen von Datenkarten (Zeile 26) ergeben.

4. Im Hauptprogramm erfolgt weiterhin das Ausdrucken der zu zerlegenden Zahl (Zeile 26) und der Primfaktoren (Zeile 35). (Wo erfolgt die Wertzuweisung für I ?) Zur Erzeugung eines übersichtlichen Druckbildes ist zusätzlich eine Variable J eingeführt worden, die die Primfaktoren pro Zeile zählt (Zeile 30) und die Ausgabe einer Zeile veranlaßt, wenn 10 Primfaktoren geschrieben wurden (Zeilen 32/33). Den Test hierzu findet man z.B. bei der Zerlegung von 1 293 600.

5. Die Prozedurvereinbarung enthält den Wertparameter Z, symbolische Bezeichnung der zu zerlegenden Zahl, und die Referenzparameter P und I. Dabei bezeichnet P eine Vektorvariable zur Aufnahme der Primfaktoren. Die Variablendeklaration in Zeile 9 legt Bezeichner für lokale Variablen fest.

6. Der im Prozedurrumpf (Zeilen 10 bis 20) codierte Algorithmus besteht im wesentlichen aus einem Zyklus, der den Primfaktor 2 abspaltet (Zeilen 12 bis 13) und einer Zerlegung der danach vorliegenden ungeraden Zahl. Die Zerlegung des ungeraden Rests erfolgt so, daß die Teilbarkeit durch 3, 5, ..., 2n+1 geprüft wird (Zeile 16), im Fall von Teilbarkeit eine Reduktion durchgeführt wird (Zeile 17) und der gefundene Faktor in P gespeichert wird (Zeile 17), und zwar bis durch Reduktion 1 entstanden ist (Zeile 15).

Der Leser überlege sich noch folgende Fragen:

(1) Wie werden 0, 1 und -1 behandelt?

(2) Welche Konsequenzen hätte es, wenn in Zeile 6 Z als Referenzparameter spezifiziert wäre? (Abschnitt 3.4.2.)

(3) Was würde sich am Ergebnisdruck ändern, wenn in Zeile 7 VAR vor P fehlt?

(4) Ist IX > $\sqrt{Z}$, so sind weitere Zerlegungsversuche sinnlos (warum?). Der Leser versuche, das Programm entsprechend abzuändern.

## 4.2. Regression und Korrelation

Beim Auswerten von Meßreihen zweier Größen x und y kann oft angenommen werden, daß zwischen x und y eine lineare Beziehung der Form $y = a + bx$ besteht. Man bestimmt nun aus den Meßwerten a und b so, daß die Summe der Quadrate der Abweichungen der gemessenen y-Werte von den durch die approximierende Gerade gegebenen Werten minimal wird. Das liefert Formeln zur Berechnung von a und b, die Herleitung dieser Formeln findet der Leser in jeder Statistikdarstellung. b heißt linearer Regressionskoeffizient, er ergibt sich aus

$$b = \frac{\sum x_i y_i - n \bar{x} \bar{y}}{\sum x_i^2 - n \bar{x}^2}, \quad i = 1, \ldots, n,$$

worin $\bar{x}$ und $\bar{y}$ die Stichprobenmittelwerte sind.

Zur Beschreibung der Abhängigkeiten zwischen x und y verwendet man den Korrelationskoeffizienten

$$\varrho = \frac{\sum x_i y_i - n \bar{x} \bar{y}}{((\sum x_i^2 - n \bar{x}^2)(y_i^2 - n \bar{y}^2))^{\frac{1}{2}}}$$

Ein Programm zur Berechnung dieser Größen muß also die Eingabe der Werte der Stichprobenvektoren und die Summationen enthalten. Eine Codierung eines solchen Algorithmus zeigt folgendes Programm.

**Progr. 4.2 REGRESSIONKORRELATION und Laufzeitprotokoll**

```

PROGRAM REGRESSIONKORRELATION(INPUT,OUTPUT);

CONST
  UMFANG=100;

TYPE
  STICHPROBE=ARRAY[1.. UMFANG]OF REAL;

VAR
  J,I:INTEGER;
  IS:INTEGER(* STICHPROBENZAEHLER *);
  NAKTUELL:INTEGER(* AKTUELLE LAENGE DER STICHPROBE *);
  X,Y:STICHPROBE;
  B,RHO:REAL;


PROCEDURE LIESSTICHPROBENPAARE(VAR N:INTEGER;VAR X,Y:STICHPROBE);

  VAR
    I:INTEGER;

  BEGIN
    READ(N);
    IF(N>100)OR(N<5) THEN
      BEGIN WRITELN(' STICHPROBENUMFANG UNZULAESSIG'); HALT; END;
    FOR I:=1 TO N DO READ(X[I],Y[I]); READLN(INPUT);
  END(*LIESSTICHPROBENPAARE*);


PROCEDURE REGRKORR(N:INTEGER;VAR X,Y:STICHPROBE;VAR B,RHO:REAL);

  VAR
    XQ,YQ,XX,XY,YY:REAL;
    I:INTEGER;

  BEGIN
    XQ:=0.0; XX:=0.0; YQ:=0.0; YY:=0.0;
    FOR I:=1 TO N DO
      BEGIN
        XQ:=XQ+X[I]; YQ:=YQ+Y[I]; XY:=XY+X[I]*Y[I];
        XX:=XX+X[I]*X[I]; YY:=YY+Y[I]*Y[I];
      END;
    XQ:=XQ/N; YQ:=YQ/N; B:=(XY-N*XQ*XQ)/(XX-N*XQ*XQ);
    RHO:=(XY-N*XQ*YQ)/SQRT((XX-N*XQ*XQ)*(YY-N*YQ*YQ));
  END(* REGR/KORR *);
(*
ES FOLGT DAS HAUPTPROGRAMM
*)


BEGIN(*REGRESSIONKORRELATION*)
  WRITELN('1'); IS:=1;
  WHILE NOT EOF(INPUT)DO
    BEGIN
      LIESSTICHPROBENPAARE(NAKTUELL,X,Y);
      REGRKORR(NAKTUELL,X,Y,B,RHO);
      WRITELN('-','STICHPROBE NR. ':20,IS:1); WRITELN(OUTPUT);
      FOR I:=1 TO NAKTUELL DO WRITELN(X[I],Y[I]); WRITELN(OUTPUT);
      WRITELN('OB=',B:12,' RHO=':15,RHO:12); IS:=IS+1;
    END(* WHILE *);
END(* PROGRAMM FUER REGRESSIONS- UND KORRELATIONSKOEFF. *).

```

```
     STICHPROBE NR. 1

          1.100000E+00              2.000000E+00
          1.500000E+00              2.599999E+00
          1.800000E+00              3.100000E+00
          2.500000E+00              5.000000E+00
          1.000000E+00              2.100000E+00
          2.900000E+00              2.900000E+00
          3.000000E+00              4.000000E+00

B=  4.6902E+00                RHO=  7.2925E-01
     STICHPROBE NR. 2

                     0              1.000000E+00
                     0              1.400000E+00
          5.000000E-01              7.000000E-01
          5.000000E-01              3.000000E-01
          1.000000E+00             -2.000000E-01
          1.000000E+00             -3.000000E-01

B= -1.5000E+00                RHO= -9.6275E-01
```

Erläuterungen

1. Das Programm verarbeitet Stichproben mit mindestens 5 und höchstens 100 Stichprobenpaaren. Eine entsprechende Prüfung wird in der Dateneingabeprozedur LIESSTICHPROBENPAARE durchgeführt. Beim Nichteinhalten der Bedingung wird das Programm durch die Prozedur HALT in Zeile 25 beendet. Diese Prozedur HALT ist nicht Teil des PASCAL-Berichts, in zahlreichen Implementationen aber enthalten. (Wie könnte man die Prozedur HALT ersetzen?)

2. In Zeile 55 des Hauptprogramms wird die Einleseprozedur aktiviert. Nach erfolgreicher Stichprobeneingabe wird die Prozedur zur Berechnung des Regressions- und des Korrelationskoeffizienten aufgerufen. Der aktuelle Parameter NAKTUELL liefert den Wert für den formalen Wertparameter N in Zeile 30. Die aktuellen Parameter N und RHO (Zeile 56) korrespondieren mit den Referenzparametern B und RHO (Zeile 30). Über diese Parameter stellt die Prozedur dem aufrufenden Programm Resultatwerte zur Verfügung.

3. Prinzipiell könnten die Stichprobenvektoren X und Y (Zeile 56) auch Wertparametern entsprechen. Die zugehörigen formalen Parameter sind aber

als Referenzparameter gekennzeichnet. Das hat seinen Grund darin, daß im Fall von Wertparametern das Kopieren der Felder erforderlich wäre, was die Laufzeit des Programms ungerechtfertigt belastet.

4. Die Summen werden unmittelbar in Anlehnung an die Formeldarstellung berechnet. Formelumstellungen und Speicherungen mehrfach benötigter Zwischenresultate sind aus methodischen Gründen vermieden worden.

5. Das Ergebnis der Stichprobenverarbeitung wird in den Zeilen 57 bis 59 ausgegeben. Die Stichprobenverarbeitung wird durch das Finden der Fileendebedingung (Zeile 53) gesteuert.

6. Verwiesen sei noch auf die codierte Papiervorschubsteuerung: Zeile 52: Vorschub auf Seitenanfang; Zeile 57: dreifacher Zeilenvorschub; Zeile 59: doppelter Zeilenvorschub.

## 4.3. Hexadezimaldarstellung ganzer Zahlen

Die Aufgabe sei, die Darstellung ganzer Zahlen auszugeben, wie sie bei der Realisierung von PASCAL-Programmen in ESER-Anlagen vorliegen.

Für das inhaltliche Verstehen des unten angegebenen Programms seien einige Bemerkungen zur Zahlendarstellung vorangestellt. Ganze Zahlen eines PASCAL-Programms werden in ESER-Anlagen als Dualzahlen dargestellt, wobei für die Darstellung d der Zahl z gilt:

$$0 \leqq z < 2^{31} \quad : \quad d = \sum_{i=0}^{30} b_i \, 2^i \, , \; b_i \in \{0, 1\},$$

$$-2^{31} \leqq z < 0 : d = 2^{32} + z \, .$$

Es ist also $19_{10} = 10011_2$ und

$-19_{10} = 1\ 0000\ 0000\ 0000\ 0000\ 0000\ 0000\ 0000\ 0000_2\ -10001 1_2$

$= 1111\ 1111\ 1111\ 1111\ 1111\ 1111\ 1110\ 1101$

Aus Gründen der Übersichtlichkeit der Darstellung werden jeweils vier Dualstellen zu einer Hexadezimalziffer zusammengefaßt, wobei folgende Symbolik benutzt wird:

| Dualzahl | Hexadezimalziffer | Dualzahl | Hexadezimalziffer |
|---|---|---|---|
| 0000 | 0 | 1000 | 8 |
| 0001 | 1 | 1001 | 9 |
| 0010 | 2 | 1010 | A |
| 0011 | 3 | 1011 | B |
| 0100 | 4 | 1100 | C |
| 0101 | 5 | 1101 | D |
| 0110 | 6 | 1110 | E |
| 0111 | 7 | 1111 | F |

Die Dezimalzahlen 19 und -19 hätten somit als achtstellige Hexadezimalzahlen die Darstellungen 00000013 und FFFFFFED. Diese spezielle Darstellung der negativen ganzen Zahlen ist gleichwertig damit, vom Betrag der Zahl 1 zu subtrahieren und von der so erhaltenen Zahl durch bitweise Negation das Komplement zu bilden. Das interne Bild von -19 ergäbe sich damit wie folgt

$$-19_{10} = \overline{|-19| - 1} = \overline{18},$$

$$\overline{18}_{10} = \overline{00000012}_{16} = \mathrm{FFFFFFED}.$$

(Dem Leser wird empfohlen, sich den Zusammenhang dieser beiden Vorschriften für das Codieren negativer Zahlen zu überlegen.) Wegen dieser bitweisen Negation beim Erzeugen der Zahlendarstellung ist es üblich, von einer Komplementdarstellung zu sprechen.

Die im folgenden Programm behandelte Aufgabe besteht nun darin, diese interne Darstellung von ganzen Zahlen auszudrücken.

Progr. 4.3 INTTOHEXA

```

PROGRAM INTTOHEXA(INPUT,OUTPUT);

VAR
  INT:INTEGER;


PROCEDURE HEXAPRINT(I:INTEGER);

  CONST
    MAXINT:2147483647;
    IPOT=268435456(*16**7*);

```

```
13   VAR
14     J1,J2,J3,IP:INTEGER;
15     NEG:BOOLEAN;
16
17   BEGIN
18     IF I<-MAXINT THEN WRITE(' 80000000')
19     ELSE
20       BEGIN
21         NEG:=I<0; I:=ABS(I); IF NEG AND(I<>0) THEN I:=I-1;
22         IP:=IPOT; WRITE('  ');
23         FOR J1:=7 DOWNTO 0 DO
24           BEGIN
25             J2:=I DIV IP; IF NEG THEN J3:=15-J2 ELSE J3:=J2;
26             IF J3>9 THEN WRITE(CHR(J3-10+ORD('A')))
27             ELSE WRITE(CHR(J3+ORD('0')));
28             I:=I-J2*IP; IP:=IP DIV 16;
29           END;
30       END;
31   END(*HEXAPRINT*);
32
33
34 (BEGIN(*TESTRAHMEN FUER DIE PROZEDUR*)
35   WHILE NOT EOF(INPUT)DO
36     BEGIN
37       READLN(INT); WRITE(INT:12,' '); HEXAPRINT(INT);
38       WRITELN(OUTPUT);
39     END;
40 END(*INTEGER TO HEXADECIMAL*).
```

Erläuterungen

1. Das Programm besteht aus der Prozedur HEXAPRINT (Zeilen 7 bis 31) und einem Rahmen zum Testen dieser Prozedur.

2. Im Hauptprogramm wird eine ganze Zahl gelesen und sofort ausgegeben, der Rest der Lochkarte wird überlesen (READLN(INPUT)). Es folgt der Aufruf der Prozedur HEXAPRINT. Sie gibt die Dezimaldarstellung aus. Nach der Rückkehr aus der Prozedur wird die Ausgabezeile beendet.

Diese Anweisungsfolge wird so lange wiederholt, bis beim Lesen das Ende des Datenfiles erkannt worden ist (Zeile 35).

3. Der in der Prozedur HEXAPRINT notierte Algorithmus arbeitet mit dem Betrag der hexadezimal ausgegebenen Zahl. Wegen der oben dargestellten Komplementdarstellung negativer ganzer Zahlen muß gemerkt werden, ob die ausgegebene Zahl $\geq 0$ oder $< 0$ ist. Dafür benutzen wir die Boolesche Variable NEG, die in Zeile 21 den Wert TRUE bekommt, wenn $i < 0$ ist. NEG steuert dann das Erzeugen des Druckbildes (Zeile 25).

4. In der eingangs erläuterten Darstellung der ganzen Zahlen ist die Unsymmetrie zu erkennen, daß zwar $-2^{31}$ darstellbar ist, nicht aber $2^{31}$. Es

gibt also eine negative Zahl, nämlich - 2 147 486 648 = $80\,000\,000_{16}$, von der der Betrag nicht gebildet werden kann. Diese Zahl verlangt eine Sonderbehandlung. Deshalb ist die größte positive Zahl als Konstante aufgenommen worden (Zeile 10). Ist die zu verarbeitende Zahl I kleiner als -MAXINT, so kann es sich nur um diese einzige handeln, für die Betragsbildung nicht möglich ist; es kann demnach sofort das hexadezimale Bild der Zahl ausgegeben werden (Zeile 18).

5. In jedem anderen Fall wird der Betrag gebildet (Zeile 21). Der Algorithmus in den Zeilen 23 bis 28 isoliert von links nach rechts die Hexadezimalziffern und gibt sie sofort aus. Zum Abspalten der Hexadezimalziffern wird nacheinander durch $16^7$, $16^6$, ..., $16^1$ dividiert ( J2 := I DIV IP in Zeile 25) und anschließend durch geeignete Subtraktion um I verkleinert (Zeile 28).

6. Zum Verständnis der Ausgabeanweisungen in den Zeilen 26 und 27 muß die Darstellung der Zeichen des PASCAL-Standardtyps CHAR aus Progr. 3.5 herangezogen werden (das bezieht sich selbstverständlich auf die ESER-Implementation). Das auszugebende Zeichen liegt unter J3 vor. Ist der Wert von J3 $\in \{10,\ldots,15\}$, so müßte ein Buchstabe zur Darstellung der Hexadezimalziffer ausgegeben werden. Diese Buchstaben haben intern die Werte 1 bis 6, deshalb wird das Zeichen gedruckt, das durch J3-10 + 'A' charakterisiert ist.

Dem Leser wird empfohlen, sich die WRITE-Anweisung in Zeile 27 ebenfalls mit Rückgriff auf Progr. 2.2 zu verdeutlichen. Abb. 4.4 zeigt das Protokoll eines Testlaufs des Programms.

```
   1  00000001
  10  0000000A
  -1  FFFFFFFF
 -10  FFFFFFF6
 257  00000101
-257  FFFFFEFF
   0  00000000
```

Abb. 4.4 Protokoll eines Testlaufs des Programms 4.3

## 4.4. Ausdrucken von Lochkarten

**Aufgabe.** Es werden Lochkarten eingelesen. Jede Karte enthält eine in Spalte 1 beginnende Zeichenfolge von maximal 60 Zeichen. Als Endekennzeichen dient ein Doppelkreuz (#) hinter der Zeichenfolge.

Für jede gelesene Karte ist eine Zeile mit folgendem Aufbau über Drucker auszugeben:

SZZ: CC...C

Hierbei bedeuten:

S - Druckersteuerzeichen (Leerzeichen für einzeiligen Vorschub);
ZZ - zweiziffrige Zahl N, das ist die Länge der Zeichenfolge;
CC...C - N Zeichen, die gelesene Zeichenfolge.

Die Behandlung dieser Aufgabe ist im Progr. 4.5 wiedergegeben.

Progr. 4.5 VORSATZ-Eingabedaten und Ergebnisdruck

```

PROGRAM VORSATZ(INPUT,OUTPUT);

CONST
  LP1=61;
  ENDE='#';

TYPE
  FELD=ARRAY[1.. LP1]OF CHAR;

VAR
  MERK:FELD;
  I,ZZ:INTEGER;


PROCEDURE READIN(VAR L:INTEGER;VAR M: FELD);

  VAR
    I:INTEGER;

  BEGIN
    I:=0; REPEAT I:=I+1; READ(M[I]); UNTIL M[I]=ENDE; L:=I-1;
    READLN(INPUT);
  END(*READIN*);


BEGIN(*VORSATZ*)
  WHILE NOT EOF(INPUT)DO
    BEGIN
      READIN(ZZ,MERK); WRITE(' ',ZZ:2,': ');
      FOR I:=1 TO ZZ DO WRITE(MERK[I]); WRITELN(OUTPUT);
    END(*WHILE*);
END(*VORSATZ*).

```

```
ABCDEFGH#
1234567890#
AKADEMIE VERLAG, 1086 BERLIN, LEIPZIGER STR. 3/4#
MANUSKRIPTABGABETERMIN 31. MAERZ 1980#
JETZT IST DAS BEISPIEL BEENDET.#
```

```
 8: ABCDEFGH

10: 1234567890

47: AKADEMIE VERLAG, 1086 BERLIN, LEIPZIGER STR. 3/4

37: MANUSKRIPTABGABETERMIN 31. MAERZ 1980

31: JETZT IST DAS BEISPIEL BEENDET.
```

Erläuterungen

1. Das Bild zeigt im oberen Teil das Programm, im mittleren die Testdaten und im letzten Teil den aus der Anwendung des Programms aus diesen Daten resultierenden Ergebnisdruck. Das geht nicht aus dem Programm hervor, vielmehr liegt das daran, daß das Programm im Betriebssystem MS übersetzt und abgearbeitet worden ist und die im MS enthaltenen Möglichkeiten der Filespeicherung und Fileausgabe zur Erzeugung dieses Druckbildes ausgenutzt wurden.

Die Abarbeitung im MS erklärt auch den Gebrauch der Transkriptionen (. und .) für [bzw.] .

2. Die Prozedur READIN (Zeilen 10 bis 18) überträgt Zeichen für Zeichen in das CHAR-Array M, das in der Liste der formalen Parameter als Referenzparameter aufgeführt ist und somit benutzt werden kann, um die gelesenen Zeichen an das aufrufende Programm zu übermitteln.

3. Nach erfolgter Eintragung eines jeden Zeichens wird getestet, ob das Endezeichen eingetragen wurde. Das Endezeichen ist durch eine Konstante ENDE definiert (Zeile 3), der Test erfolgt in Zeile 16.

4. Die Anzahl der signifikanten Zeichen wird dem aufrufenden Programm über den formalen Referenzparameter L mitgeteilt.

5. Nach dem Aufruf der Prozedur READIN in Zeile 23 stehen in den Positionen 1 bis ZZ die in der Lochkarte erkannten Zeichen. In Zeile 24 werden ihre Anzahl und der Doppelpunkt ausgegeben, in Zeile 25 die Zeichen selbst.

6. Prinzipiell ließe sich die Ausgabe auch unmittelbar hinter der Eingabe in Zeile 15 anordnen. Es müßte dann das Eintragen der Länge dadurch organisiert werden, daß Ausgabe ohne Zeilenvorschub erfolgt (Steuerzeichen +). Der Leser überlege, was gegen diese Programmanordnung spricht.

## 4.5. Druckaufbereitung von Text

Eine Teilaufgabe bei der unter Einsatz der Rechentechnik automatisierten Satzherstellung besteht darin, durch das Einfügen von Leerzeichen an der Stelle von Wortlücken Druckzeilen einer geforderten Länge herzustellen (rechtsbündiger Abschluß). Das folgende Progr. 4.6 leistet dieses. In der Praxis auftretende Sonderfälle wie "Absatz" sind nicht berücksichtigt. Ferner wird vorausgesetzt, daß der aufzubereitende Text die geforderte Länge nicht überschreitet.

Progr. 4.6 INSERTBLANKS (Druckaufbereitung von Text)

```

PROGRAM BLANKINSERTION(INPUT,OUTPUT);

CONST
  LL=80;
(* LINE LENGTH *)

TYPE
  LINDEX=1.. LL;
  TLINE=ARRAY[LINDEX]OF CHAR;
(* TYPE OF LINE *)

VAR
  LINE:TLINE;
  II, IEND, IB,H1,H2,H2H:INTEGER;


PROCEDURE INSERTBLANKS(VAR LINE:TLINE;LINEL,LEND:INTEGER);

   TYPE
     LLENGTH=1..120;

   VAR
     K,I,J,ENDE:INTEGER;
     BLANKPOS:ARRAY[LLENGTH]OF INTEGER;
     LINEPOS:ARRAY[LLENGTH] OF CHAR;
     LB,UB,PLINEPOS:INTEGER;
(*   RUMPF DER PROZEDUR INSERTBLANKS    *)

   BEGIN
     I:=LINEL-LEND; BLANKPOS[1]:=0; K:=2;
```

```
31       FOR J:=1 TO LEND DO
32         IF LINE[J]=' ' THEN BEGIN BLANKPOS[K]:=J-1; K:=K+1 END;
33       BLANKPOS[K]:=LEND;
34  (* K-2 BLANKS IM TEXT, I BLANKS EINFUEGEN   *)
35       IF K-2>0
36       THEN
37         BEGIN
38           H2:=I; H1:=H2 DIV(K-2);
39  (* ANZAHL DER BLANKS/WORTLUECKE *)
40           H2:=I MOD(K-2);
41  (*REST DER EINZUFUEGENDEN BLANKS*)
42           H2H:=H2;
43  (* ZAEHLER FUER DAS EINFUEGEN DER ZUSAETZLICHEN BLANKS*)
44           PLINEPOS:=1;
45           FOR J:=1 TO K-1 DO
46             BEGIN
47               LB:=BLANKPOS[J]+1; UB:=BLANKPOS[J+1];
48               FOR I:= LB TO UB DO
49                 BEGIN
50                   LINEPOS[PLINEPOS]:=LINE[I]; PLINEPOS:=PLINEPOS+1
51                 END
52               FOR IB:=1 TO H1-1 DO
53                 BEGIN LINEPOS[PLINEPOS]:=' '; PLINEPOS:=PLINEPOS+1
54                 END;
55               IF H2H>0 THEN
56                 BEGIN
57                   LINEPOS[PLINEPOS]:=' '; PLINEPOS:=PLINEPOS+1;
58                   H2H:=H2H-1;
59                 END;
60             END;
61  (* END FOR J *)
62         END;
63  (* END IF *)
64       FOR I:=1 TO LINEL DO LINE[I]:= LINEPOS[I]
65     END(* INSERTBLANKS*);
66  (*
67  R A H M E N P R O G R A M M
68  *)
69
70
71  BEGIN(*BLANKINSERTION*)
72    WRITELN('1');
73    WHILE NOT EOF(INPUT)DO
74       BEGIN
75         II:=1;
76         WHILE NOT EOLN(INPUT)DO BEGIN READ(LINE[II]); II:=II+1; END;
77         IEND:=LL; WHILE(LINE[IEND]=' ')DO IEND:=IEND-1;
78         INSERTBLANKS(LINE,LL,IEND); WRITELN(' ',LINE);
79         READLN(INPUT);
80       END;
81  END(* BLANKINSERTION *).
82
```

Erläuterungen

1. Das Programm besteht aus der Prozedur INSERTBLANKS (Zeilen 17 bis 65) und einem Rahmenprogramm zum Testen der Prozedur. Zu diesem Rahmen gehören die Vereinbarungen am Anfang und der Rumpf des Hauptprogramms (Zeilen 71 bis 81).

2. Im Hauptprogramm werden zyklisch Lochkarten eingelesen (Zeile 76). Die Anzahl der Leerzeichen am Ende der Karte wird jeweils registriert (Zeile 77).

3. In Zeile 78 wird die Prozedur INSERTBLANKS aufgerufen. Nach Rückkehr aus der Prozedur erfolgt ein Kontrolldruck der erzeugten Zeile. Der Prozedur werden drei Parameter übergeben, nämlich die aufzubereitende Zeile als Vektor von Zeichen, die Zeilenlänge und die Position des letzten signifikanten Zeichens der Zeile. Die Liste der formalen Parameter zeigt, daß die aufzubereitende Zeile auf der Position eines Referenzparameters steht. Das ist erforderlich, da der Wert dieses Parameters in der Prozedur verändert wird (Zeile 64) und diese Veränderung an das Hauptprogramm übermittelt werden soll.

4. Das Einfügen der Leerzeichen ist wie folgt organisiert: Die Positionen der Wortlücken werden in einem Vektor BLANKPOS gemerkt und durch K gezählt. Danach beschreibt BLANKPOS[i] die Position der letzten Stelle eines Wortes ($i > 1$). Mit Hilfe der in diesem Vektor gespeicherten Werte wird die Ausgabe der Zeichen zwischen je zwei Wortlücken gesteuert. Der Übersichtlichkeit halber werden hierbei die Hilfsvariablen LB und UB (lower bound, upper bound) benutzt (Zeilen 47/48). Die redigierte Zeile wird in dem Vektor LINEPOS aufgebaut. Die Arbeitsstelle in diesem Vektor ist jeweils durch PLINEPOS indiziert.

Das Verteilen der freien Stellen vom Zeilenende auf die Wortlücken innerhalb der Zeile erfordert einerseits in den Zeilen 38 und 40 die Berechnung von Anzahlen und andererseits das explizite Eintragen von Leerzeichen in den Zeilen 53 und/oder 57. Das Übertragen von Wortlücke zu Wortlücke ist durch die FOR-Anweisung in Zeile 45 gesteuert. (Welche Aufgabe haben die Anweisungen in Zeile 30?)

## 4.6. Erzeugung eines binären Baums

Eine typische Aufgabe in der alphanumerischen Datenverarbeitung ist es, Datensätze, die durch einen Schlüssel identifiziert sind, "sinnvoll angeordnet" zu speichern. "Sinnvoll angeordnet" ist dabei so zu verstehen, daß das Arbeiten mit den Datensätzen bequem beschreibbar ist und in bezug auf Rechenzeit und/ oder Speicherplatzbedarf gewisse Effektivitätsbedingungen erfüllt sind. Da es nicht unsere Absicht ist, unterschiedliche Sortier- und Suchverfahren zu vergleichen, wollen wir eine Form der Organisation herausgreifen, die uns geeignet erscheint, die Anwendung bestimmter Sprachelemente vorzuführen. Es handelt sich dabei um das Arbeiten mit Pointern und die Ausnutzung rekursiver Techniken.

Wir erinnern daran, daß die anschauliche Vorstellung eines binären Baumes ein zusammenhängender gerichteter Graph ist mit einem Anfangsknoten (Wurzelknoten) und der Eigenschaft, daß jeder Knoten genau einen Vorgängerknoten und höchstens zwei Nachfolgerknoten hat.

Für unseren Zweck wird es aber besser sein, den Begriff Binärbaum rekursiv zu definieren. Für diese Definition behalten wir im Auge, daß die Knoten des Binärbaums durch die zu organisierenden Datensätze repräsentiert werden, daß also den Knoten Variablen entsprechen, deren Strukturierung durch einen zugeordneten Typ beschrieben ist. Um eine konkrete Vorstellung eines solchen Typ zu haben, legen wir fest: Der Datentyp - er sei BBK genannt - umfasse ein achtstelliges Schlüsselfeld, ein ganzzahliges Datenfeld - worin die Häufigkeit des Auftretens eines Schlüssels gezählt werden kann - und zwei Pointerplätze, die auf weitere Variablen dieses Typ verweisen. Auf einen speziellen Inhalt des Datensatzes sei verzichtet.

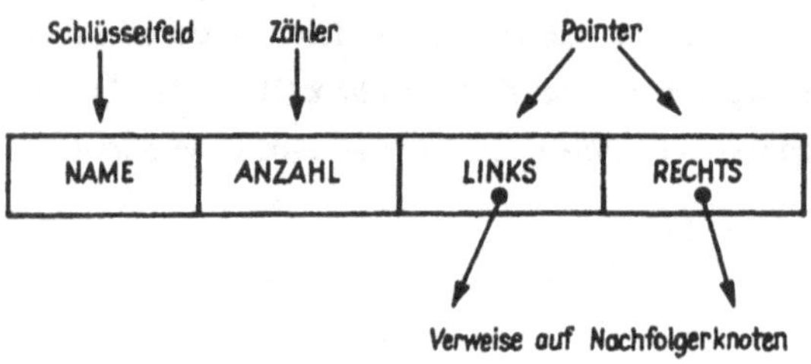


Abb. 4.7 Beispiel des Knotenaufbaus eines Binärbaums

Abb. 4.7 zeigt die Struktur des Knotens. Daraus erklärt sich folgende rekursive Definition des Binärbaums: Ein Binärbaum mit Knoten des Typ BBK ist entweder

1. der leere Baum oder
2. die mit Hilfe von Pointern realisierte Zusammensetzung eines Elements vom Typ BBK mit zwei Binärbäumen des gleichen Grundtyps.

Abb. 4.8 demonstriert diesen rekursiven Aufbau.

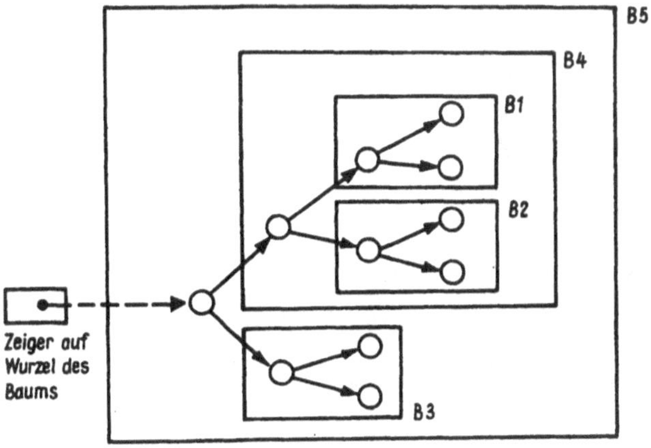


Abb. 4.8 Rekursiver Aufbau eines Binärbaums

Der eben beschriebene Datentyp läßt sich in PASCAL notieren durch

```
TYPE
        ALFA  = ARRAY 1...8 OF CHAR;
        PBBK  = ∂BBK;
        BBK   = RECORD
                  NAME : ALFA;
                  ANZAHL : INTEGER;
                  LINKS, RECHTS : PBBK
                  END;
```

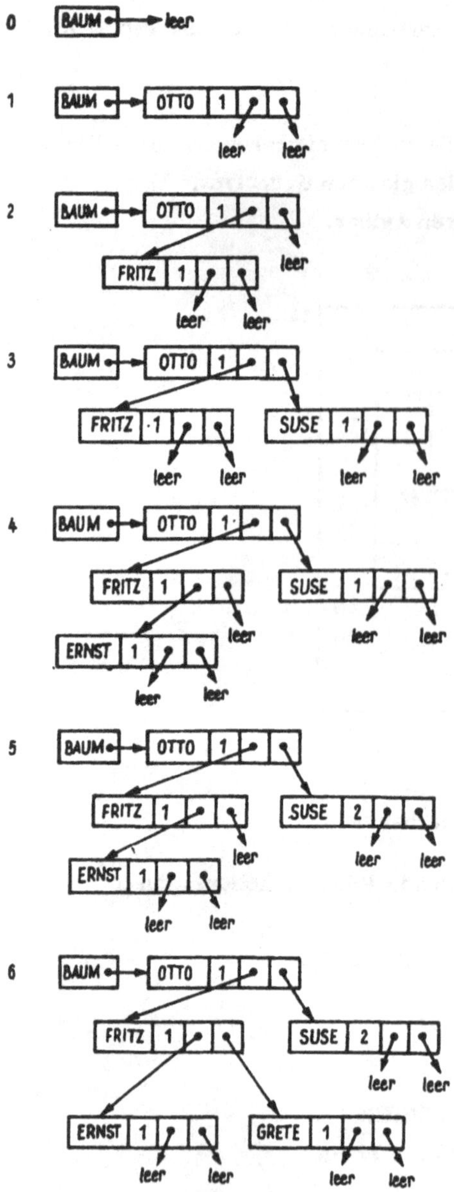


Abb. 4.9 Beispiel für die Generierung eines Binärbaums

Bevor wir Progr. 4.10 besprechen, soll der Aufbau eines solchen Binärbaumes an einem Beispiel gezeigt werden. Wir nehmen dazu an, daß sechs Datensätze mit den Schlüsselwörtern OTTO, FRITZ, SUSE, ERNST, SUSE, GRETE in dieser Reihenfolge zum Aufbau benutzt werden sollen. Abb. 4.9 zeigt das Entstehen des Binärbaums.
Wenn also im Sinne der üblichen alphabetischen Ordnung ein Schlüsselwort vor einem bereits im Baum vorliegenden einzuordnen ist, wird die "linke Verzweigung" benutzt, sonst die rechte. (Wie würde sich der Aufbau des Baumes ändern, wenn SUSE als erstes gelesen würde?)

Im Progr. 4.10 sind die Erzeugung eines Binärbaums und das Ausdrucken der Datenstrukturen in alphabetisch geordneter Folge notiert.

Progr. 4.10 BINBAUM

```
PROGRAM BINBAUM (INPUT, OUTPUT);

TYPE
  ALFA = ARRAY(.1..8.)OF CHAR;
  PBBK = @BBK;
  BBK = RECORD
          NAME: ALFA;
          ANZAHL: INTEGER;
          LINKS, RECHTS: PBBK
        END;

VAR
  I: INTEGER
  NAM: ALFA
  BAUM: PBBK;

PROCEDURE SUCHE (VAR W: PBBK; N: ALFA);
  BEGIN
    IF W=NIL THEN
      BEGIN NEW(W);
        WITH W@ DO
          BEGIN NAME:=N; ANZAHL:=1;
            LINKS:=NIL; RECHTS:=NIL;
          END;
      END
    ELSE (* KNOTEN VORHANDEN *)
      WITH W@ DO
        IF N<NAME THEN SUCHE(LINKS,N)
        ELSE IF N>NAME THEN SUCHE(RECHTS,N)
             ELSE ANZAHL:=ANZAHL+1;
  END (* SUCHE *) ;
```

```
31
32 PROCEDURE PRINT (W: PBBK);
33   BEGIN
34     IF W<>NIL THEN
35       BEGIN PRINT(W@.LINKS);
36         WRITELN(PRR,W@.NAME,W@.ANZAHL:5);
37         PRINT(W@.RECHTS);
38       END;
39   END  (* PRINT *) ;
40
41 BEGIN
42
43 BAUM:=NIL;
44 WRITELN(' NAMEN EINGEBEN BIS ##');
45 READLN(INPUT);
46 WHILE NOT EOF(INPUT) DO
47   BEGIN I:=0;
48     WHILE (I<8) AND NOT EOLN(INPUT) DO
49       BEGIN I:=I+1; READ(NAM(.I.)) END;
50     FOR I:=I+1 TO 8 DO NAM(.I.):=' ';
51     SUCHE(BAUM,NAM);
52     READLN(INPUT);
53   END;
54 PRINT(BAUM);
55
56 END   (* BINBAUM *) .
57
```

Erläuterungen

1. Das Programm enthält die Prozedur SUCHE zum Suchen in dem Baum und zum Eintragen weiterer Knoten (Zeilen 16 bis 30) und die Prozedur PRINT zum Ausgeben des erzeugten Baums.

2. Beide Prozeduren sollen durch einen Testrahmen geprüft werden. Dieser Rahmen enthält in den Zeilen 41 bis 56 Anweisungen zum Lesen von Schlüsselwörtern und zum Aufbau des Baumes durch Aufruf von SUCHE (Zeile 51). Dieses Lesen und Eintragen ist durch die WHILE-Anweisung zyklisch organisiert.
Am Ende des Testrahmens erfolgt durch den Prozeduraufruf PRINT(BAUM) der Ausdruck des Baums.

3. Der Testrahmen wurde für ein Testen im Dialogbetrieb geschrieben. Das kommt in folgenden Anweisungen zum Ausdruck:

Zeile 44: Hinweis an den am Bildschirm Arbeitenden, die Eingabe der Schlüsselwörter durch ## zu beenden. Das Doppelsymbol ## hat in der PASCAL-Version des Betriebssystems MS die Bedeutung des end-of-file-Zeichens, bewirkt also, daß eof (input) den Wert true erhält.

Zeile 50: Die Eingabe eines Schlüsselwortes kann dadurch realisiert werden, daß acht Zeichen gelesen wurden oder das Zeichen für das Beenden der manuellen Eingabe erkannt wurde (EOLN(INPUT)).

Zeile 50: Bestand das Schlüsselwort aus weniger als acht Zeichen, so werden die letzten Positionen mit Leerzeichen aufgefüllt. (Wie würde sich die Eingabe vereinfachen, wenn die Namen von Lochkarten eingegeben werden?)

4. Am Anfang des Hauptprogramms wird durch die Anweisung BAUM := NIL; der leere Baum als Ausgangssituation für den rekursiven Aufbau definiert. Die Pointervariable BAUM erhält den Wert NIL, d.h., sie verweist nicht auf ein Objekt des Typs, für dessen Adressierung sie definiert ist, also zeigt nicht auf eine Variable des Typs BBK. Unter dieser Bedingung wird SUCHE zum erstenmal aufgerufen (Zeile 51), dabei wird die formale Pointervariable W durch die aktuelle BAUM ersetzt.

5. Beim ersten Aufruf von SUCHE wird also der Text in Zeile 18 positiv beantwortet. Das führt zum Einrichten eines Speicherbereichs für eine Variable, wie sie durch W adressiert wird. (Es gibt hierfür leider keine treffende, nicht einmal eine allgemein übliche Formulierung; gelegentlich wird geschrieben, daß eine Instanz des Objekts erzeugt wird.)

Danach ist der Wert von W, d.h. von BAUM, nicht mehr NIL, sondern die Adresse des eben geschaffenen Bereichs. Unter Benutzung dieser Adresse (WITH W@) werden die Datenfelder der Variablen mit dem Schlüsselwort und dem Wert 1 beschrieben, außerdem werden die Pointerdatenfelder mit NIL initialisiert, da sie nicht auf weitere Bereiche (Instanzen) verweisen.

6. Nach Rückkehr in das Hauptprogramm und erneutem Lesen eines Schlüsselworts wird wiederum SUCHE aktiviert. Allerdings ist jetzt der Test W = NIL nicht erfüllt, so daß hinter dem Kommentar (* KNOTEN VORHANDEN *) fortgesetzt wird. Jetzt erfolgt die Auswahl, ob das Schlüsselwort vor dem des ersten Knotens liegt, hinter ihm oder mit ihm identisch ist. Im ersten Fall wird die linke Verzweigung verfolgt, beschrieben durch den rekursiven Aufruf von SUCHE, im zweiten Fall die Rechte; bei Gleichheit wird lediglich die Häufigkeitseintragung erhöht (Zeile 29).

7. Betrachten wir den rekursiven Aufruf. Dann ist in unserem Fall der Wert des durch W@.LINKS (oder W@.RECHTS) oder adressierten Pointers

NIL, so daß bei dem erneuten Eintritt in die Prozedur der Test W = NIL erfüllt ist, also die Eintragung wie bei 5. dargestellt erfolgt. Wäre bei einem späteren Aufruf auch der Pointerwert von NIL verschieden, so würde die Rekursionsstufe vergrößert werden.

(Dem Leser sei empfohlen, den in Abb. 4.9 gezeigten Aufbau vollständig zu durchlaufen.)

8. Beim Ausdrucken des erzeugten Baumes kann diese rekursive Struktur ausgenutzt werden. Im Programm erfolgt das streng nach der oben gegebenen Definition. Wird also nach dem Aufruf von PRINT(BAUM) der Prozedurrumpf abgearbeitet, so wird zuerst gefragt, ob der Baum leer ist (Zeile 34). Ist der Baum nicht leer, so erfolgt rekursiver Abstieg "nach links", d.h. zu den hinsichtlich der Ordnung weiter vorn stehenden Elementen; der linke Unterbaum wird verarbeitet. Das wird fortgesetzt, bis ein Pointer gefunden ist, dessen Wert NIL ist. Danach wird mit der Anweisung nach dem letzten Aufruf fortgesetzt, das ist die Ausgabeanweisung in Zeile 36. Weil W @ zu diesem Zeitpunkt das letzte Objekt der Kette adressiert, werden die Werte dieses Objekts auf das File PRR ausgegeben. Anschließend wird geprüft, ob die rechte Verzweigung noch weitere Knoten des Baums enthält. Es wird also auf der aktuellen Rekursionsstufe der rechte Unterbaum abgearbeitet. Der in rekursiven Techniken wenig geübte Leser möge die Mühe nicht scheuen, das Ausgeben der Werte des Beispiels aus Abb. 4.9 genau zu verfolgen.

Der Aufbau des Binärbaums ist unter Verwendung der WITH-Anweisung geschrieben worden, die Ausgabe nicht. (Wie ließe sich das vereinheitlichen?)

## 4.7. Allgemeines Iterationsverfahren

Das Lösen der Gleichung $f(x) = 0$ kann iterativ dadurch erfolgen, daß die Gleichung auf die Form $x = \varphi(x)$ gebracht wird. Gilt dabei für einen Wert $x_0$, daß $|\varphi'(x_0)| < 1$ ist, so erhält man durch $x_1 = \varphi(x_0)$ eine bessere Näherung für die Nullstelle von $f(x)$, als $x_0$ es ist. (Den Beweis findet der Leser in Darstellungen zur praktischen Mathematik.) Das Verfahren läßt sich wiederholen, bis eine Abbruchbedingung - etwa $|x_1 - x_0| < \varepsilon$ - erreicht ist.

Für die algorithmische Darstellung des allgemeinen Iterationsverfahrens muß man demnach eine Funktion programmieren, die als Parameter enthält:

a) die aus der Umstellung von f(x) genommene Funktion $\varphi$ (x),

b) den Anfangswert $x_0$ für das Iterationsverfahren,

c) eine Genauigkeitsschranke, die den Abbruch steuert.

Eine solche Funktionsprozedur ist

```
FUNCTION ITERATIONSVERFAHREN
        (XO, EPS : REAL;
        FUNCTION PHI (REAL) : REAL
        ) : REAL;
VAR  X1, X2, D, H, R : REAL
BEGIN
X2 := PHI(X0);
R  := (PHI (X2) - X2)/(X2 - X0);
R  := R/(1-R); (* ZUR KONVERGENZVERBESSERUNG *)
REPEAT
X1 := X2;
H  := PHI (X1);
D  := H - X1;
X2 := H + R * D;
UNTIL ABS (X2 - X1) < EPS;
ITERATIONSVERFAHREN := X2
END (* ITERATIONSVERFAHREN *);
```

Hierin tritt die Funktion PHI als formale Funktion auf, die selbst eine Parameter vom Typ REAL hat und einen Wert vom Typ REAL liefert. Diese formale Funktion wird dann innerhalb der REPEAT-Anweisung aufgerufen.

Sind nun unter Verwendung dieses Iterationsverfahrens Lösungen von

$$f_1(x) = (x-2)^2 - \arctan x$$

und

$$f_2(x) = \ln x + 0.5x - 1$$

zu bestimmen, so ist z.B. nach einer möglichen Umformung von $f_1(x)$

$$x = \frac{1}{4}\,(x^2 + 4 - \arctan x) = \varphi_1(x) \text{ mit}$$

$$\varphi_1'(x) = \frac{1}{4}\,(2x - \frac{1}{1+x^2})\,,\quad \left|\varphi_1'(\tfrac{1}{2})\right| < \tfrac{1}{4}\,.$$

Die Funktion $\varphi_1$ (x) könnte damit zur Nullstellenbestimmung von $f_1(x)$ benutzt werden, z.B. in der Form

```
FUNCTION PHI 1 (X : REAL) : REAL;
BEGIN PHI1 := (X * X + 4.0 - ARCTAN (X)) * .25
END (* PHI1 *)
```

Da diese Funktion PHI 1 hinsichtlich ihrer Parameter mit der formalen Funktion PHI übereinstimmt (vgl. Abschnitt 3.7.), ist der Aufruf

```
X1 := ITERATIONSVERFAHREN (0.5 , 1E-9 , PHI1)
```

korrekt.

Übungsaufgabe. Der Leser führe die Überlegungen für $f_2(x)$ durch und schreibe ein Rahmenprogramm, um die Funktion Iterationsverfahren mit $f_1(x)$ und $f_2(x)$ zu testen.

Mit diesen Beispielen meinen wir, alle wesentlichen Sprachelemente und sprachlichen Konstruktionen in größeren Zusammenhängen gezeigt zu haben, so daß der Leser diese Beispiele zusammen mit der exakten syntaktischen Beschreibung im Abschnitt 3. als Wegleitung zur PASCAL-Programmierung benutzen kann.

# 5. Dialogfähige Programme

## 5.1. Voraussetzungen

Moderne Rechenanlagen bieten von seiten der Maschinenausrüstung die Voraussetzungen für die Lösung von Aufgaben im Mensch-Maschine-Dialog. Zu diesen Hardwarevoraussetzungen gehört, daß Datenendplätze vorhanden sind, die für die Kommunikation zwischen Mensch und Maschine geeignet sind. Realisiert sind diese Datenendplätze durch Bildschirmgeräte, Schreibmaschinen oder Fernschreibgeräte. Allgemein spricht man von Terminals.

Ob jedoch beim Erfülltsein der Hardwarevoraussetzungen Dialogarbeit möglich ist, hängt von dem Betriebssystem ab, das auf der Rechenanlage benutzt wird. Arbeitet eine Rechenanlage unter der Regie eines Betriebssystems, das interaktive Arbeit unterstützt, so können einerseits geeignete Systemkomponenten für die Nutzung im Dialog zur Verfügung gestellt werden. Andererseits können Nutzerprogramme erzeugt werden, die im Dialog abarbeitbar sind. Wichtige im Dialog benutzbare Systemkomponenten sind Sprachübersetzer und Textmanipulationsprogramme, die der Nutzer von seinem Terminal aus aufrufen kann. Sie gestatten Korrekturen am Quellprogramm nach oder sogar während eines Übersetzungslaufs. Hierbei geht es um den Programmentwurf und um die Erzeugung syntaktisch korrekter Programme. Die aus einer solchen Übersetzung hervorgehenden Programme müssen nicht notwendig ebenfalls die Eigenschaft haben, vom Terminal startbar und dialogfähig zu sein. Wir wollen uns aber im folgenden gerade solchen PASCAL-Programmen zuwenden, die für die Nutzung im Dialogbetrieb geschrieben sind.

Im Prinzip ist eine jede höhere Programmiersprache, die über Möglichkeiten zur Eingabe und Ausgabe sequentiell organisierter Dateien verfügt, für die Erzeugung dialogfähiger Programme geeignet. Es ist lediglich notwendig, daß Eingabe- und Ausgabefiles durch das Betriebssystem auf Benutzerterminals abgebildet werden können. Das an der Sektion Mathematik der Humboldt-Universität zu Berlin für ESER-Anlagen entwickelte Mehrfachzugriffsystem MS bietet diese Möglichkeit. Mit dem MS können

1. PASCAL-Quellprogramme im Dialog erzeugt und in einem Filesystem fixiert werden,

2. PASCAL-Quellprogramme aus dem Filespeicher übersetzt werden und

3. übersetzte PASCAL-Programme im Dialog mit dem am Bildschirmterminal arbeitenden Nutzer abgearbeitet werden. Hier soll exemplarisch ein dialogfähiges PASCAL-Programm erläutert werden.

## 5.2. Beispiel für ein dialogfähiges PASCAL-Programm

Betrachten wir die Aufgabe, Nullstellen einer transzendenten Gleichung näherungsweise zu bestimmen.
Diese Aufgabe läßt sich in zwei Schritte zerlegen, nämlich

(1) Suchen von möglichst kleinen Intervallen, in denen mindestens eine Nullstelle liegt,

(2) iterative Berechnung eines Näherungswertes.

Danach könnte beginnend mit (1) wiederholt werden.

Hat man die Absicht, dafür ein Programm herzustellen, mit dessen Hilfe man sich im Dialog sowohl das probierende Suchen der Nullstellen als auch das Iterieren und Kontrollieren der Güte der Iteration vornehmen kann, so muß das Programm neben der Berechnung des Funktionswertes und einem Algorithmus für ein geeignetes Iterationsverfahren auch Anweisungen zur Kommunikation mit dem am Bildschirmterminal Arbeitenden enthalten.

In dem folgenden Beispiel verwenden wir für die Iteration das Verfahren von NEWTON. Da wir eine Beschreibung der Sprache PASCAL geben, verzichten wir auf eine Diskussion der Stabilität des Verfahrens. Wir überlassen es dem Programmierer eines solchen dialogfähigen Programms, sich Information über das Konvergenzverhalten vom Programm mitteilen zu lassen und davon ausgehend selbst zu entscheiden. Anweisungen für diese Arbeitsweise haben wir in das Programm eingefügt.

Die als Beispiel behandelte transzendente Gleichung lautet:

$$f(x) = 0,5 \sin x - 0,0375\, x + 0,3 = 0 .$$

**Progr. 5.1 Dialogfähiges Programm TRANSZGLEICH zur Nullstellenbestimmung**

```
PROGRAM TRANSZGLEICH(INPUT,OUTPUT);

VAR
  CH:CHAR;


FUNCTION F(X:REAL):REAL;

  BEGIN F:=0.5*SIN(X)-0.0375*X+0.3; END(* F *);


FUNCTION FSTR(X:REAL):REAL;

  BEGIN FSTR:=0.5*COS(X)-0.0375; END(* FSTRICH *);


PROCEDURE SUCHE;

  VAR
    X:REAL;

  BEGIN
    WRITELN(' ARGUMENT EINGEBEN'); READLN(INPUT);
    REPEAT
      READ(X);
      WRITELN(' X= ',X:12,'F(X)=':8,F(X):12,'F''(X)=':9,FSTR(X):12
        );
      WRITELN(' WEITERES ARGUMENT? ZAHL/N'); READLN(INPUT);
      WHILE INPUT@=' 'DO GET(INPUT);
    UNTIL NOT(INPUT@ IN(.'+','-','0'..'9'.));
  END(* SUCHE *);


PROCEDURE ITERIERE;

  CONST
    EPSO=1E-3;

  VAR
    EPS,X,XO:REAL;
    STOPD,STOPG:BOOLEAN;
    CH:CHAR;

  BEGIN
    EPS:=EPSO; WRITELN(' ANFANGSWERT EINGEBEN'); READLN(INPUT);
    READ(X);
    REPEAT
      STOPD:=FALSE;
      REPEAT
        XO:=X; X:=XO-F(XO)/FSTR(XO);
        IF ABS(X)>1E10 THEN
```

```
52         BEGIN
53           WRITELN(
54              ' BETRAG DER NAEHERUNG > 1E10. FORTSETZEN? J/N');
55           READLN(INPUT); READ(CH);
56           STOPD:=CH<>'J'(*WIEDERHOLE TROTZDEM*);
57         END;
58       UNTIL(ABS(X-XO)<EPS)OR STOPD;
59       WRITELN(' X= ',X:12,'F(X)=':8,F(X):12,'F''(X)=':9,FSTR(X):12
60          );
61       WRITELN(' MIT GROESSERER GENAUIGKEIT WIEDERHOLEN? J/N');
62       READLN(INPUT); READ(CH); STOPG:=CH='N'; EPS:=EPS*0.01;
63     UNTIL STOPG;
64   END(* ITERIERE *);
65 (*
66 HAUPTPROGRAMM FUER ITERATIVE NULLSTELLENBESTIMMUNG IM DIALOG
67 *)
68
69
70 BEGIN(*TRANSZGLEICH*)
71   REPEAT
72     WRITELN(' PROBIEREN (P), ITERIEREN (I) ODER STOP (SONST)?');
73     READLN(INPUT); READ(CH);
74     CASE CH OF
75       'P': SUCHE;
76       'I': ITERIERE
77     END(*CASE*);
78   UNTIL NOT(CH IN(.'P','I'.));
79 END(*TRANSZENDENTE GLEICHUNG *).
80
```

E r l ä u t e r u n g e n

1. Wesentliche Bestandteile des Programms sind:

(1) die Funktion F (Zeilen 7 bis 9),

(2) die Funktion FSTR (Zeilen 12 bis 14), die den Wert der Ableitung von F liefert,

(3) die Prozedur SUCHE (Zeilen 18 bis 31), die in Kommunikation mit dem Programmierer Argumentwerte anfordert und die Werte von f(x) und f'(x) auf den Bildschirm überträgt,

(4) die Prozedur ITERIERE (Zeilen 34 bis 64), die vom Programmierer einen Anfangswert für die Iteration fordert und (bei gutem Anfangswert) einen Näherungswert $x_0$ für eine Nullstelle liefert,

(5) das Hauptprogramm (Zeilen 66 bis 79), in dem lediglich gesteuert wird, ob probierend gearbeitet werden soll oder ob der Iterationsalgorithmus zu aktivieren ist.

2. Nach dem Starten des (Haupt-) Programms wird der Text einer Frage (Zeile 72) auf dem Bildschirm sichtbar. Durch die Abarbeitung der folgenden

Eingabeanweisung wird eine Entscheidung des am Terminal Arbeitenden verlangt.

3. In Zeile 74 beginnt die Auswertung der Eingabe. Wurde P eingegeben, so erfolgt der Aufruf der Prozedur SUCHE, wurde I eingetastet, wird ITERIERE abgearbeitet, in jedem anderen Fall wird die case-Anweisung übergangen.

4. Die Zyklensteuerung in Zeile 78 führt bei Eingabe von P oder I nach dem Abarbeiten der entsprechenden Prozedur zu der Anfrage (Zeile 72) zurück; anderenfalls ist das Programm beendet.

5. Wir setzen voraus, daß P eingegeben wurde. Das führt zu der Aufforderung, die in Zeile 23 ausgegeben wird.

6. Die Auswertung des in der Folgezeile geforderten Arguments wird mit der Information in Zeile 26 beantwortet, wonach zu entscheiden ist, ob das Probieren fortgesetzt werden soll. Dem Leser empfehlen wir, diese Organisation genau zu verfolgen. In der WHILE-Anweisung werden führende Leerzeichen übergangen, bis die Puffervariable INPUT @ das erste vom Leerzeichen verschiedene Zeichen erhält. Der Text in Zeile 30 führt zum Anfang des Zyklus zurück, wenn dieses Zeichen erstes Zeichen einer Zahlendarstellung sein kann. Die Eingabeanweisung in Zeile 25 liest dann die Zahl. f(x) und f'(x) werden berechnet und angezeigt. Wird die Eingabeanforderung mit N (oder einem nicht in der Menge [+, -, 0..9] enthaltenen Zeichen) beantwortet, so ist das probierende Suchen beendet. Nach diesem Abbruch folgt erneut die Frage aus Zeile 72.

7. Jetzt werde Iteration gewünscht. Die Programmsteuerung führt dann zur Zeile 34. Der zu diesem Unterprogramm gehörende Dialog wird bei konvergentem Verhalten in den Zeilen 61/62 geführt. Wachsen die Näherungswerte über $10^{10}$, so erfolgt der Informationsaustausch durch die Zeilen 54/55.
In Abb. 5.2 ist das Protokoll einer Terminalsitzung wiedergegeben.

Es seien noch zwei Bemerkungen gemacht, die von dem speziellen Beispiel unabhängig sind.

(1) Soll unter Beibehaltung des Iterationsverfahrens das Programm für andere Gleichungen benutzt werden, so müssen lediglich die Funktionen F und FSTR ausgetauscht werden, wonach das Programm wieder zu übersetzen wäre.

```
TGL
PROBIEREN (P), ITERIEREN (I) ODER STOP (SONST)?
P
 ARGUMENT EINGEBEN
3.5
 X= 3.500000E+00   F(X)=-6.64156E-03   F'(X)=-5.05728E-01
 WEITERES ARGUMENT? ZAHL/N
3.3
 X= 3.299999E+00   F(X)=9.737884E-02   F'(X)=-5.31240E-01
 WEITERES ARGUMENT? ZAHL/N
N
 PROBIEREN (P), ITERIEREN (I) ODER STOP (SONST)?
I
 ANFANGSWERT EINGEBEN
3.3
 X= 3.486898E+00   F(X)=5.960464E-08   F'(X)=-5.07986E-01
 MIT GROESSERER GENAUIGKEIT WIEDERHOLEN? J/N
J
 X= 3.486898E+00   F(X)=5.960464E-08   F'(X)=-5.07986E-01
 MIT GROESSERER GENAUIGKEIT WIEDERHOLEN? J/N
N
 PROBIEREN (P), ITERIEREN (I) ODER STOP (SONST)?

EC005I   COMMAND/TGL     ENDED.    D=13.05.80, C=18/03/45
```

Abb. 5.2 Protokoll einer Terminalsitzung mit dem Programm TRANSZGLEICH

Im Abschnitt 6. beschreiben wir eine PASCAL-Erweiterung, bei der keine Neuübersetzung des gesamten Programms erforderlich ist.

(2) Trotz des logisch korrekten und gut strukturierten Programms kann es zu befremdlichen, unbeabsichtigten Programmabbrüchen kommen. Gründe liegen dann i. allg. in der Implementation von Standardfunktionen oder in lokalen Eigenschaften der untersuchten Funktion. Es könnte im ersten Fall die Redefinition einer Standardfunktion erforderlich sein, etwa die Ersetzung einer Reihe durch ein Approximationspolynom. Solche Taktiken hängen weitgehend von der Erfahrung und dem Vertrautsein mit dem mathematischen Hintergrund ab. Trotzdem wird auch in solchen Fällen die Dialogarbeit schneller kritische Stellen ausweisen und letztlich schneller zum Ziele führen als die Arbeit im Stapelbetrieb.

Wir formulieren im weiteren Programmieraufgaben, die wir dem Lernenden als Übungsstoff empfehlen.

5.1. Gegeben ist ein sequentielles File, das ausschließlich durch Leerzeichen getrennte Dezimalzahlen mit folgender Syntax enthalten soll:

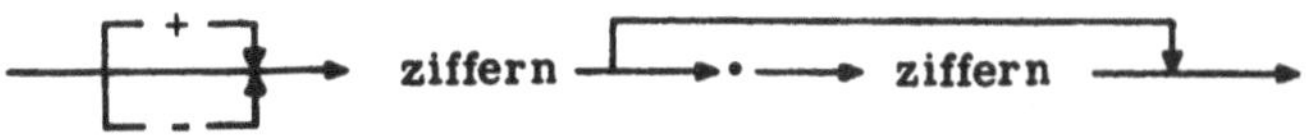


("ziffern" siehe Syntaxprogramm (2)). Im Dialog sind diese Daten zu prüfen und gegebenenfalls zu korrigieren.

5.2. $P_n(x)$ sei Polynom n-ten Grades in x. p, q sind experimentell so zu bestimmen, daß

$$P_n(x) = P_{n-2}(x)\,(x^2 + px + q) + ax + b \qquad \text{mit } a,\ b \approx 0.$$

(Programm für Hornersches Divisionsschema verwenden.)

5.3. Vorausgesetzt werde ein System von m linearen Gleichungen mit n Unbekannten, $m < n$. Man entwerfe ein Diagramm, um im Dialog zulässige Lösungen zu suchen.

# 6. Externe Routinen

## 6.1. Externe PASCAL-Routinen

Ein PASCAL-Programm ist als Ganzes ein Satz der Sprache PASCAL, d.h., daß auch alle Unterprogramme - Prozeduren und Funktionen - innerhalb des Programms codiert sein müssen. Sie werden mit dem Programm übersetzt und bei - eventuell nur geringfügigen - Änderungen des Programms erneut übersetzt.

Betrachtet man etwa das in Abschnitt 5. besprochene Beispiel und nimmt an, daß man lediglich die additive Konstante in der Funktion F von 0.3 auf 0.4 zu ändern hätte, so müßte doch das gesamte Programm neu übersetzt werden, obwohl eigentlich nur die Zeile 9, also die Berechnung des Funktionswertes, zu ändern wäre.

Zweifellos liegt darin eine gewisse Uneffektivität. Abhilfe ließe sich schaffen, wenn es möglich wäre, Unterprogramme selbständig zu übersetzen und unabhängig übersetzte Teile zu verbinden. Formal liegt dann die Situation vor, daß in einem Programm Namen von Unterprogrammen benutzt werden, die nicht Teil des Programms sind, von denen nur gefordert werden soll, daß sie in einer "Umgebung des Programms" existieren. Diese Umgebung kann man sich als Menge von Dateien vorstellen, die durch das Betriebssystem organisiert werden. Unterprogramme, die nicht lokal in einem Programm definiert sind, sondern in eben dieser beschriebenen Umgebung zur Verfügung stehen, heißen "externe" Unterprogramme.

Diese Situation, daß ein externes Unterprogramm zu benutzen ist, muß beschreibbar sein. Dazu bietet sich eine Spracherweiterung an, in der durch Attribute Namen als externe Objekte spezifiziert werden können. Ein entsprechend abgeänderter Compiler wüßte das zu übersetzen. Für das Starten der Abarbeitung müßte allerdings die Verbindung der Teile realisiert werden können. Die PASCAL-Version des Betriebssystems MS schließt eine solche Möglichkeit ein. Als Beispiel für den typischen Anwendungsfall diene das Programm aus Abschnitt 5. Die Funktionen F und FSTR können herausgelöst und selbständig übersetzt werden. In dem Rudiment werden die Namen durch das Schlüsselwort IMPORT gekennzeichnet. Wir haben die Prozeduren SUCHE und ITERIERE und das Hauptprogramm nicht wiederholt. Sie stimmem mit Progr. 5.1 überein.

```
PROGRAMM TRANSZGLEICHUNG
VAR      CH  :  CHAR
FUNCTION  F(X:REAL)  :  REAL;  IMPORT PASCAL;
FUNCTION  FSTR  (X  :  REAL)  :  REAL;  IMPORT PASCAL;
(* PROZEDURDEKLARATIONEN WIE IN ABSCHN. 5.1 *)
BEGIN
(* ANWEISUNGEN WIE IN ABSCHN. 5.1 *)
END
```

Verfolgt man den Gedanken des Arbeitens mit externen Routinen weiter, so sieht man sofort, daß damit die Möglichkeit existiert, vorhandene Routinen zur Nachnutzung zur Verfügung zu stellen. Es ist damit möglich, eine Bibliothek unmittelbar einsetzbarer Programme zu schaffen, wobei der Nutzer sich lediglich in der Programmdokumentation/Programmbeschreibung über die Organisation der Schnittstelle, letztlich über die Liste der formalen Parameter informieren muß.

## 6.2. Kopplung von PASCAL-Programmen mit Routinen, die mit Hilfe anderer Sprachen erzeugt wurden

Die Praxiswirksamkeit einer Sprache wird dadurch größer, daß man bei ihrem Einsatz die in zurückliegenden Jahren und damit in früheren Entwicklungsstadien der Rechentechnik entwickelten Algorithmen nutzen kann. Das ist zu erreichen, wenn der Import von Routinen möglich ist, die in den Bibliotheken anderer

Sprachen - FORTRAN, PL/1, ALGOL, Assembler - vorliegen oder die durch Übersetzung von Quelltexten dieser Sprachen leicht und zuverlässig zu erzeugen sind. Die Nützlichkeit solcher Möglichkeiten gilt natürlich nicht nur für PASCAL; die Koppelbarkeit mit anderen Sprachen trägt aber zweifellos zur Verbreitung der Sprachen bei.

Aus der Kopplung mit Assemblerprogrammen läßt sich der Nutzen ziehen, daß die Laufzeit von Programmen erheblich verkleinert werden kann. Das ist leicht einzusehen, wenn man bedenkt, daß ein erfahrener Programmierer die Programmpassagen kennt, die laufzeitintensiv sind. Diese Teile könnten durch effektiv organisierte Assemblerprogramme mit Nutzen ersetzt werden. Die Erfahrungen eines Programmierers sind eine subjektive Größe. Ein objektiver Gesichtspunkt für die Kopplung von PASCAL-Programmen und Assemblerprogrammen wäre, durch Messungen in PASCAL-Programmen eine (Schwachstellen-) Analyse der Programme vorzunehmen und als Auswertung dieser Analyse Programmteile als Assemblerprogramme einzufügen. Es soll hier nicht unerwähnt bleiben, daß in dem Compiler für PASCAL 360 [20] durch sogenannte Compileroptionen die Möglichkeiten gegeben sind, Messungen in der Laufzeit des Programms vorzunehmen, und somit die Voraussetzungen für eine objektive Programmanalyse und Programmverbesserung geschaffen werden. Den Autoren ist kein weiterer Compiler mit solchen Möglichkeiten bekannt. Daß solche Operationen in anderen Compilern bisher nicht üblich sind, hängt sicherlich damit zusammen, daß dieser PASCAL-Compiler in der Sprache PASCAL geschrieben ist und diese Sprache geeignete Ausdrucksmittel enthält, um mit vertretbarem Entwicklungsaufwand erstrebenswerte Compilerzusätze zu generieren.

Aus der Kopplungsmöglichkeit mit anderen Sprachen ergibt sich der Gewinn, Neuentwicklungen von Programmen vermeiden zu können. Um Programme aus verschiedenen Sprachen koppeln zu können, müssen aber in den Sprachübersetzern gewisse verträgliche Konzeptionen vorliegen. Diese Konzeptionen betreffen vor allem die Parametervermittlung, die Registerbenutzung und das Arbeiten mit Dateien.

Da es im Betriebssystem OS/ES solche Konzeptionen für die Sprachübersetzer und Assembler gibt, und da die PASCAL-Version dieses Betriebssystems diese Konzeptionen auch einhält, sind prinzipiell solche Kopplungen möglich.

Die Kopplung PASCAL/360 - FORTRAN ist inzwischen untersucht worden, und es hat sich gezeigt, daß die FORTRAN-Programmbibliothek genutzt werden kann, wenn

1. in dem PASCAL-Programm die importierten Routinen lediglich durch den Routinenkopf eingeführt werden, an Stelle des Routinenblocks wird nur das Symbol EXTERNAL codiert:

(64) 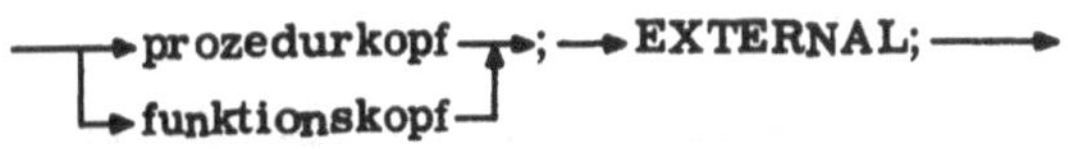


Es sei vermerkt, daß auf der Stelle von EXTERNAL auch durch andere Schlüsselwörter die Realisierung anderer Kopplungen denkbar ist. Während EXTERNAL die SAVE-RETURN-Konvention des Betriebssystems OS/ES benutzt, kann z. B. durch das Schlüsselwort PASCAL die Kopplung mit externen PASCAL-Routinen erfolgen, wie es PASCAL/360 erlaubt [20].

2. Die Parameter der EXTERNAL-Routinen müssen Referenzparameter sein.

# Anhang. PASCAL für ESER

## A.1. Veränderungen gegenüber Standard-PASCAL

PASCAL/P ist eine Variante des im "Revidierten Bericht über die Programmiersprache PASCAL" [7] definierten Standard-PASCAL. Folgende Veränderungen gegenüber Standard-PASCAL liegen vor:

(1) Sprünge aus dem Körper einer Funktion oder Prozedur heraus sind verboten ([7], 9.1.3.).

(2) Formale Funktionen und formale Prozeduren sind verboten ([7], 10.).

(3) An Stelle der Standardprozedur DISPOSE ([7], 10.1.2.) gibt es die einparametrigen Standardprozeduren MARK und RELEASE.

P sei eine Variable eines beliebigen Pointertyps. Die Abarbeitung von RELEASE(P) bewirkt die Freigabe sämtlicher Speicherplätze, die seit dem Zeitpunkt der letzten Abarbeitung von MARK(P) bzw. seit der Erzeugung von P@ mit dynamischen Variablen belegt wurden.

(4) Das Attribut PACKED wird ignoriert ([7], 6.2.). Die Standardprozeduren PACK und UNPACK existieren nicht ([7], 10.1.3.).

(5) Als Grenzen von Intervallen in Mengen ([7], Anhang, Abb. 10) sind nur Konstanten zugelassen.

(6) Nutzerdefinierte Filetypen und vom Nutzer vereinbarte Filevariablen sind verboten ([7], 6.2.4.). Es existieren vier Standardfiles

INPUT, OUTPUT, PRD, PRR: FILE OF CHAR,

deren Verwendungszweck und Zeilenstruktur folgender Tabelle zu entnehmen sind:

| File | Verwendung | Zeilenlänge |
|---|---|---|
| INPUT | Eingabe | 80 Zeichen |
| OUTPUT | Ausgabe | 121 Zeichen |
| PRD | Eingabe | 80 Zeichen |
| PRR | Ausgabe | 80 Zeichen |

Das erste Zeichen jeder Zeile des Files OUTPUT wird als Drucksteuerzeichen verwendet. Die Standardprozeduren RESET und REWRITE existieren nicht ([7], 10.1.1.). Im Programmkopf als Programmparameter ([7],13.) angegebene Bezeichner sind für das Programm bedeutungslos.

(7) Die Aufrufe von Standardfunktionen und -prozeduren müssen mindestens einen Parameter haben. Das heißt, die Notation der Aufrufe

```
GET(INPUT)
READLN(INPUT)
EOF(INPUT)
EOLN(INPUT)
PUT(OUTPUT)
WRITELN(OUTPUT)
```

kann nicht verkürzt werden.

(8) Die Ausgabe reeller Werte erfolgt nur im E-Format, das heißt in der Gestalt

VZ.Z...EVZZ (V - Vorzeichen, Z - Ziffer).

Die Ausgabeparameterform E:M:N ist verboten ([7], 12.3., 6.).

(9) Die Ausgabe Boolescher Werte ist nicht möglich ([7], 12.3., 7.).

(10) Die Standardfunktion ROUND existiert nicht ([7], 11.1.3.). Sie kann vom Nutzer definiert werden.

```
FUNCTION ROUND(X:REAL):INTEGER;
  BEGIN
    IF X > =0.0
    THEN ROUND:=TRUNC(X+0.5)
    ELSE ROUND:=TRUNC(X-0.5)
  END;
```

(11) Ein Aufruf der zusätzlich vorhandenen parameterlosen Prozedur HALT bricht die Programmausführung ab.

## A.2. Implementationsspezifische Festlegungen

In Übereinstimmung mit den im "Revidierten Bericht" enthaltenen Hinweisen ([7], 14.) wurden bei der Implementation folgende Festlegungen getroffen, die den Gegebenheiten der ESER-Hardware und der ESER-Software entsprechen:

(1) Der Standardtyp INTEGER ist durch die ESER-Festkommazahlen realisiert.

(2) Der Standardtyp REAL ist durch die ESER-Gleitkommazahlen einfacher Genauigkeit realisiert.

(3) Der Standardtyp CHAR umfaßt 64 Zeichen.

| | 0 | 1 | 2 | 3 | 4 | 5 | 6 | 7 | 8 | 9 |
|---|---|---|---|---|---|---|---|---|---|---|
| 0 | : | A | B | C | D | E | F | G | H | I |
| 1 | J | K | L | M | N | O | P | Q | R | S |
| 2 | T | U | V | W | X | Y | Z | 0 | 1 | 2 |
| 3 | 3 | 4 | 5 | 6 | 7 | 8 | 9 | + | - | * |
| 4 | / | ( | ) | $ | = | | , | . | # | [ |
| 5 | ] | % | " | _ | ! | & | | ? | < | > |
| 6 | @ | \ | ¬ | ; | | | - | | | |

Die Tabelle enthält die Elemente des Typs CHAR in aufsteigender Ordnung.

(4) Wenn in WRITE-Anweisungen keine Längenangaben vorhanden sind, dann werden folgende Standardannahmen benutzt:

| Zeichenketten | echte Länge |
|---|---|
| INTEGER | 10 |
| REAL | 20 |
| CHAR | 1 |

(5) REAL-Konstanten dürfen aus maximal 16 Zeichen bestehen.

(6) Bezeichner, die unterschiedliche Objekte beschreiben, müssen sich in ihren ersten acht Zeichen unterscheiden.

(7) Für das kleinste (MIN) und das größte (MAX) Element des Basistyps eines Settyps muß gelten

$$0 \leqq ORD(MIN) < ORD(MAX) \leqq 63 .$$

(8) Das erste Zeichen jeder Zeile des Files OUTPUT wird als Druckersteuerzeichen mit folgender Bedeutung interpretiert:

| | |
|---|---|
| ' ' | einfacher Vorschub |
| '0' | doppelter Vorschub |
| '-' | dreifacher Vorschub |
| '+' | kein Vorschub |
| '1' | Vorschub zum Beginn der nächsten Seite. |

(9) Wortsymbole werden als Zeichenfolgen ohne einschließende Klammersymbole geschrieben (BEGIN, END, IF, ...). Diese Zeichenfolgen sind reserviert und können nicht als Bezeichner verwendet werden.

(10) Für folgende Spezialsymbole sind Transkriptionen verbindlich festgelegt:

| | |
|---|---|
| geschweifte Klammer auf | (* |
| geschweifte Klammer zu | *) |
| senkrechter Pfeil | @ |
| kleiner oder gleich | <= |
| größer oder gleich | >= |
| ungleich | <> |

(11) An Stelle der eckigen Klammern kann folgende Transkription verwendet werden:

| | |
|---|---|
| eckige Klammer auf | (. |
| eckige Klammer zu | .) |

B e m e r k u n g . Wegen der Bereitstellung des PASCAL/P-Systems im Betriebssystem MS und der damit möglichen Dialogarbeit am Bildschirm sollten mit Rücksicht auf den ESER-Bildschirm-Zeichenvorrat auch die eckigen Klammern transkribiert werden.

In Zusammenhang mit der Speicherplatzvergabe gibt es folgende Festlegungen und einige zur besseren Anpassung an das virtuelle Speicherkonzept aufgenommene einschränkende Bedingungen:

(12) Speicherplatzzuteilung für Variablen, Datenfelder und Arraykomponenten

| | |
|---|---|
| REAL | 4 Bytes |
| INTEGER | 4 Bytes |
| CHAR | 4 Bytes |
| BOOLEAN | 4 Bytes |
| expliziter Aufzählungstyp | 4 Bytes |
| Pointertyp | 4 Bytes |
| Settyp | 8 Bytes |
| Recordtyp | Summe des Speicherbedarfs der Komponenten |
| Arraytyp | (Speicherbedarf des Komponententyps) ∗(Kardinalzahl des Indextyps) |

(13) Speicherplatzzuteilung für Parameter von Funktionen und Prozeduren

| | |
|---|---|
| Referenzparameter | 4 Bytes |
| Wertparameter | |
| - Länge L gemäß (12) größer als 4 Bytes | L+4 Bytes |
| - Länge L gemäß (12) gleich 4 Bytes | 4 Bytes |

(14) Ein Record darf höchstens 2048 Bytes umfassen. Parameterlisten dürfen höchstens 1968 Bytes umfassen. Wenn die Länge eines Arrays 2048 Bytes übersteigt, dann muß die Länge des Komponententyps eine Zweierpotenz sein.

(15) Bei einer Variablen- bzw. Datenfeldvereinbarung

ID1, ID2, . . . , IDN: T;

werden die Speicherplätze in umgekehrter Reihenfolge zugeordnet; d. h., IDN erhält die kleinste und ID1 die größte Adresse.

(16) Seien Z der aktuelle Wert des Speicherplatzzählers, L der Speicherbedarf der nächsten Variablen und

R = Z MOD 2048.

Wenn gilt

(R < > 0) AND (2048-R < L) ,

dann wird Z vor der Speicherplatzvergabe auf das nächste Vielfache von 2048 gesetzt.

## A. 3. Übersetzungsprotokoll

Aufbau der Protokollzeilen:

(1) Zeilennummer (vom Compiler generiert);

(2) Speicherplatz- bzw. P/Code-Zähler (vom Compiler generiert);

(3) verarbeitete Quelltextzeile;

(4) BEGIN-, RECORD-, CASE- und END-Kennzeichnung.

In jedem Block wird bis zum Beginn der den Körper bildenden Verbundanweisung der Speicherplatzzähler (Bytes) gedruckt. Er zählt in jedem Block neu. Wegen notwendiger Blockanfangsinformationen und Rettungsbereiche beginnt er im Hauptprogramm mit dem Wert 152, sonst mit 80. Während der Übersetzung der Blockkörper wird der P/Code-Zähler gedruckt. Er zählt fortlaufend durch alle Anweisungsteile die erzeugten P/Code-Instruktionen (Befehle für die dem PASCAL/P-System zugrundeliegende virtuelle PASCAL-Maschine). Die P/Code-Zählung beginnt mit dem Anfangswert 3.

Bei der lexikalischen Analyse führt der Compiler einen BRCE-Zähler. Er wird bei jedem BEGIN, RECORD, CASE (nur im Anweisungsteil!) um 1 erhöht und bei jedem END um 1 erniedrigt. Falls in einer Zeile eines der vier Symbole auftrat, dann werden rechts neben dem Quelltext ein Symbolkennzeichen sowie der aktuelle Wert des BRCE-Zählers gedruckt. Diese Information ist besonders in Anfängerpraktika und beim Einfahren umfangreicher Programme nützlich. In korrekten Programmen hat der BRCE-Zähler an Anfang und Ende eines Blockkörpers den Wert 1.

Vom Compiler festgestellte Quelltextfehler werden unter der Zeile, in der sie auftraten, durch eine spezielle Mitteilungszeile angezeigt. Sie enthält den Wert eines Zählers der fehlerhaften Zeilen und eine Kennzeichnung (fünf Sternchen). Die Fehlerposition wird durch ein Ausrufungszeichen unter dem letzten Zeichen des Morphems angezeigt, bei dem bzw. vor dem der Fehler erkannt wurde. Die Fehlerart wird durch eine auf das Ausrufungszeichen folgende Mitteilungsnummer angegeben. Treten mehrere Fehlernachrichten in einer Zeile auf, dann kann sich aus Platzmangel eine Verschiebung der Anzeige nach rechts ergeben. Steht nach der Übersetzung eines Typdefinitionsteils oder eines Variablendeklarationsteils fest, daß zur Bildung von Pointertypen nichtdefinierte Typbezeichner verwendet wurden, dann wird für jeden derartigen Bezeichner eine Extrazeile in das Protokoll eingefügt:

TYPE-ID bezeichner

Außerdem wird Quelltextfehler 117 angezeigt.
Deklarierte und benutzte, aber nicht definierte Marken werden in ähnlicher Weise nach der Übersetzung des vollständigen Anweisungsteiles eines Blockes ausgewiesen. Neben Quelltextfehler 168 werden Extrazeilen der Gestalt

LABEL natürliche-zahl USED BUT NOT DEFINED

in das Protokoll gesetzt.

Am Ende eines Übersetzungslaufes werden die Zahl der fehlerhaften Zeilen, die Fehlerzahl und die Texte der Mitteilungen zu den aufgetretenen Fehlern gedruckt.

# Literaturverzeichnis


[1] Rutishauser, H.: Automatische Rechenplanfertigung bei programmgesteuerten Rechenmaschinen. Birkhäuser-Verlag, Basel 1952.

[2] Samelson, K., und F. L. Bauer: Sequentielle Formelübersetzung. Elektronische Rechenanlagen 1 (1959) 1.

[3] ASA-Standard: FORTRAN - a programming language for information processing on automatic data processing systems. CACM-10 (1964) (Übers. in: Rechentechnik/Datenverarbeitung 8 (1971) Beiheft 3).

[4] Naur, P., u. a.: Revised Report on the Algorithmic Language ALGOL 60. Regnecentralen, Copenhagen 1962 (dt. Übers.: Revidierter Bericht über die algorithmische Sprache ALGOL 60. Akademie-Verlag, Berlin 1966).

[5] Report to the Conference on Data System Languages (COBOL). Edition 1965, Dept. of Defense, Washington.

[6] Alber, K.: Syntactical Description of PL/1 Text and its Translation into Abstract Normal Form. TR 25.074, IBM Laboratory, Wien 1967.

[7] Wirth, N.: The programming language PASCAL. Acta Informatica 1 (1971).

[8] Wirth, N.: The Design of a PASCAL Compiler. Software - Practice and Experience 1 (1971) 4.

[9] Welsh, J., and C. Quinn: A PASCAL Compiler for the ICL 1900 Series Computer. Software - Practice and Experience 2 (1972) 1.

[10] Wirth, N.: The Programming Language PASCAL (Revised Report), Comp. Science Department, Technical Report No. 5, ETH Zürich (1972) (dt. Übers.: Revidierter Bericht über die Programmiersprache PASCAL. Akademie-Verlag, Berlin 1976).

[11] Jensen, K., and N. Wirth: PASCAL. User Manual and Report. Springer-Verlag, Berlin/Heidelberg/New York 1974.

[12] Implementation Checklist. PASCAL News No. 9, September 1977.

[13] Brinch Hansen, P.: The Programming Language CONCURRENT PASCAL. IEEE Trans. Software Eng. 1 (1975) 2.

[14] Wirth, N.: MODULA-2. ETH Zürich. Ber. 27 des Instituts f. Informatik, Dezember 1978.

[15] Wirth, N.: Algorithmen und Datenstrukturen. Teubner-Verlag, Stuttgart 1975.

[16] Polze, Ch.: Mehrfachzugriffsystem MS - Einführung. MS-Bericht 4, AdW der DDR, Zentrum für Rechentechnik Berlin-Adlershof, ZfR-Information, ZfR-G-76.02.

[17] Schiemangk, H., und M. Weinke: MS-PASCAL-Anwenderbeschreibung. MS-Bericht 55, Bereich Informationsverarbeitung, Sektion Mathematik der Humboldt-Universität, Berlin 1980.

[18] Wirth, N.: Program development by stepwise refinement. CACM 14 (1971) 4.

[19] Sale, A. H. J.: Determine Real Number Environment. PASCAL News No. 13, December 1978.

[20] Anacki, K., M. Iglewski, A. Krepski, and M. Missala: PASCAL/360 - User Manual. Inst. of Comp. Sci., Polish Ac. of Sci., Warsaw 1978.

[21] Ravenel, B. W.: Toward a PASCAL Standard. Computer, April 1979, 68-82.

[22] Polze, Ch.: Betriebssysteme digitaler Rechenanlagen. Verlag Die Wirtschaft, Berlin 1980.

# Sachverzeichnis

**Die Autoren**

- haben seit einigen Jahren PASCAL in Lehre und Praxis erprobt und empfehlen, diese Sprache zum Erlernen algorithmischen Denkens sowie aller typischen einfachen und höheren Programmiertechniken kennenzulernen

- geben eine vollständige Sprachbeschreibung, wobei die Syntaxdarstellung anhand von Diagrammen durch eine verbale Erläuterung unterstützt wird

- verwenden zahlreiche erprobte Beispielprogramme, die für das Training und die Kontrolle des Verständnisses von hohem Wert sind

- nutzen die Möglichkeiten zur Strukturierung von PASCAL-Programmen voll aus, um den Leser dazu anzuhalten, gut strukturierte Programme zu schreiben

- liefern einen Lehrtext, der sowohl für die Ausbildung von Studenten als auch zum Selbststudium für Praktiker in Rechenzentren, die sich die Programmiersprache PASCAL aneignen wollen, geeignet ist

FSC
www.fsc.org
MIX
Papier | Fördert
gute Waldnutzung
FSC® C083411

Zeitfracht Medien GmbH
Ferdinand-Jühlke-Straße 7
99095 Erfurt, Deutschland
produktsicherheit@kolibri360.de